U1015344

专注投资

迈向安心投资之路

雪球人气用户 西点老A ◎著

投资自己不了解的公司就是赌博
股市生存的核心是建立自己的能力圈
不懂不做，不熟不做
专注一个领域、长期跟踪，吃透股票
军工股投资达人告诉你应该如何安心投资

中国经济出版社
CHINA ECONOMIC PUBLISHING HOUSE
北 京

图书在版编目（CIP）数据

专注投资：迈向安心投资之路／西点老A著．
北京：中国经济出版社，2015.6（2021.1重印）
ISBN 978－7－5136－3816－6
Ⅰ．①专…　Ⅱ．①西…　Ⅲ．①股票投资—基本知识　Ⅳ．①F830.91
中国版本图书馆CIP数据核字（2015）第105579号

责任编辑　燕丽丽
责任审读　霍宏涛
责任印制　巢新强
封面设计　任燕飞

出版发行　中国经济出版社
印 刷 者　北京科信印刷有限公司
经 销 者　各地新华书店
开　　本　710mm×1000mm　1/16
印　　张　16.25
字　　数　280千字
版　　次　2015年6月第1版
印　　次　2021年1月第7次
定　　价　48.00元
广告经营许可证　京西工商广字第8179号

中国经济出版社　**网址** www.economyph.com　**社址** 北京市东城区安定门外大街58号　**邮编** 100011
本版图书如存在印装质量问题，请与本社销售中心联系调换（联系电话：010－57512564）

版权所有　盗版必究（举报电话：010－57512600）
国家版权局反盗版举报中心（举报电话：12390）　　服务热线：010－57512564

序一

与西点老A共话A股安心投资之路

深夜拜读西点老A的大作，一夜通读两次，让我彻夜难眠。西点老A是我在国内所认识的对价值投资和军工行业研究颇为深刻的一位分析师和投资人。他为读者描绘了一套工程化和系统化的投资模式。

未来5年，随着改革的持续深化，中国股市将会发生翻天覆地的变化，无论是股民还是投资人，都必须调整思路，转换投资理念，形成新的投资哲学，去面对这一历史性机遇。相信很多投资人与我一样，对2014年以来市场的种种表现，要么觉得不符合常理，要么觉得还不够“任性”，相信很多人都会因为错过了难得的机会而抱憾。事实上，我们真正错过的是有序的布局和一套完整的投资理念汇聚而成的投资哲学。

迈克尔·莫布森在《魔鬼投资学》中这样描述投资理念：“投资理念的重要性在于它决定了你的决策方式。随心所欲的理念永远也不可能得到你期盼的长期回报。但是，即便有一个相当不错的投资理念，如果不能把它和严谨与耐心结合在一起，也未必能让你如愿以偿。一个好的投资理念就像是一份好的减肥食谱，只有时刻铭记于心，同时你又能不懈地坚持，最终才能发挥它的真正价值。”投资理念是一种禀性，而不是什么天分或智商的问题。事实上，理想的禀性永远是智商和天才的克星。一旦你为自己构建起一个坚实的理念基石，你所需要具备的其他东西，无非是勤奋、专注、耐心和历练。西点老A正是这段话的现实注解，他在市场中摸爬滚打十余年，从开始蛮干，伤痕累累，到逐步修正自己的理念、方法和策略，形成了一套以“专注”为基础的投资理念，涵盖了成熟投资体系的各个环节，如对市场的看法、如何选择股票、如何确定买卖点、如何进行资金管理、如何做基本面研究，等等，形成了一个投资理念和实践的闭环。

让我印象深刻的一件事情是西点老A聊他2007年“5·30”事件之后的几天里，稀里糊涂地参与认沽期权的炒作，结果输光之前两年牛市赚的所有钱，这件事情可以说对他的投资理念产生了巨大的影响。“专注”“能力圈”“耐心和韧性”等关键词都是西点老A在痛彻心扉、痛定思痛之后悟出的投资真谛。唯有如此，在投资的路上才能走向正确的方向。

行伍出身的老A，投身投资事业以后，把资本市场当成了人生的第二个战场。结合电子战的丰富经验，把专业和投资结合起来，这几年在军工行业取得了丰富的研究成果和实战成绩。对于军工股，多数人是作为题材股炒炒就算了，至于军工股的研究框架和体系很少有人去做，因为这是一件费力不讨好的事情。可是老A偏偏愿意去蹚这“浑水”，做这件费力不讨好的事情。经过不懈努力，终于有了军工股的“3231”投研体系，这在国内军工领域的投研中是一件十分了得的事情。该体系为军工股的投研提供了系统化的参考，得到了很多投资人包括机构投资者的认可，这是西点老A在本书中除了投资理念之外的另一大贡献。

本书将会为股民和投资人在做决策和布局过程中，提供一个非常重要的思路：选对领域切入！让本书和西点老A带领各位读者一起迈向安心投资之路！

深圳市前海大漠股权投资基金管理有限公司创始人
关轶偲博士

序二

雪球用户爱出书，这个挺好的。但出书的时候都要让我写个序，这就麻烦了。虽然这些书里收的内容大部分我都很眼熟，都是他们在雪球写的帖子，但把它们集中到一起看的时候，感觉还是不一样。看帖子的时候，一篇是一篇，觉得这一篇有道理，或者这一篇里这条信息有价值。但是把它们收集到一起，按一个框架编辑起来的时候，我有一种恍然大悟的感觉：原来他投资成功是有道理的。

像西点老A这本书，内容上分成投资理念、选股体系、交易体系、研究体系，再加上作者在军工股这个领域的实战案例，基本就可以明白，作者是个成熟的投资者，能做到以不变应万变，在证券市场上获得稳定的盈利。

如果说雪球上的单篇帖子是碎片化的，书就是结构化的。

我一直对碎片化有偏爱。因为碎片化摆脱了形式的束缚，表达更加自由，传播更加高效。

现在看来，结构化也仍然有结构化的价值。就像每一单具体的交易，都是碎片化的，但如果没有一个投资体系支撑，碎片化的交易是无法长期盈利的。

所以我赞成雪球用户将自己在雪球上的碎片化内容结集出版，借此梳理自己的投资体系，也让别的用户对自己有一个更加结构化的认识。

雪球创始人

方三文

序三

战地黄花分外香

哪个大好男儿不想横刀立马，驰骋沙场?

哪个英雄豪杰不想决胜千里，雄霸天下?

每个男儿心里都有一个英雄梦。

十几年前，还很年轻的我，特别痴迷各种战略游戏，很喜欢那种东征西讨、战无不胜的感觉。自从开始炒股以后，才发现这个战场更复杂，更庞大，也更困难，赢的人用智慧带走金钱与荣耀，输的人用金钱换取经验和教训。一将功成万骨枯，蚂蚁也能啃骨头。市场中充满着搏杀与陷阱、坚守与反抗、追击与崩溃、同盟与背叛……其神鬼莫测程度丝毫不逊色于真实的战争，而永不停歇的沉浮幻灭更是时刻考验着我们的人性。

最困难的战场正是铁血男儿的王霸之地！为了不变成籍籍无名的小卒，我开始认真钻研股市中的存亡之道。

任何一种电脑游戏的取胜要诀都是一条：兵贵神速！我开始时也是用这种思路来炒股——天下武功，唯快不破，来钱快永远是王道。可惜，炒股毕竟不是游戏。当我神速地在波峰谷底间行进时，却栽了不少跟头。摔得遍体鳞伤后我才明白，电脑游戏的战场地形很容易探明，且一旦探明后就固化成不会变动的信息，据以决策行动并不容易出错。而在股票市场中，影响证券的各种信息却时刻都在变动，很多貌似可以利用的趋势与规律都深藏着害人的思维盲点。虽然有些基本信息可以分析，但是市场信息是海量的，足以掩盖少而有用的真实信息，让人很难摸到准确的门道。人们的日常交易都无异于摸着黑乱走，短期赢利大多是源自于运气。运气不好的，特别是遇到敌方大面积的炮火覆盖时，再灵动的士兵都是炮灰。

后来，不知道是哪位军事家的名言启发了我，“最好的结果，就是最快的速度”！跑得快并不一定都能赢，当别人都好似无头苍蝇一样极速乱飞时，我们慢跑在虽有些曲折但正确的路上，得到了最好的结果，就相当于以最快的速度达到了目的。

那么，在证券市场中取得最好结果的是谁？是巴菲特、彼得·林奇等大师。他们的最好战绩是什么？是长线买到了几只大牛股。

既然最好的结果大多是靠长线取得的，那我就尝试着进行长期的价值投资吧。多年实践下来，有成功也有失败，但总体效果还是好于短炒，终于成为一名不死老兵。

麦克阿瑟说：“老兵永远不死，他只是慢慢凋零。”我不想慢慢凋零，因此，我还反复研究巴菲特的交易系统。如果说我们偶尔发现长牛股有运气成分，那么为什么巴菲特能保持好运气？经过不断研究巴菲特的投资组合变动与交易历史，可以说看遍了相关资料，我才慢慢明白，巴菲特、彼得·林奇都有一整套完整的交易体系，其成功并不仅仅是靠一两只牛股，而是靠组合与资金的调控管理，才能在充满惊涛骇浪的资本市场里纵横四海。

想要成帅才，就得照着名将之路来。当我也打造好自己的交易系统后，才开始了士兵向将领的进阶，从而彻底告别了炮灰生涯。不论牛熊，均可一战。

有读者肯定要问了，哪有你这样写序的，写了那么多字，都是在吹自己。呵呵，我想说的是，要在证券市场这个“吃人的战场”度过最初级阶段，就应借鉴老兵的存活经验。

西点老A者，吾之同壕战友也。虽然没有一起扛过枪，但一起炒过股。在雪球探讨证券交易问题时，经常互有问答，颇为投缘。最开始看到他“西点老A”的名号时，心想，他训人可能很厉害吧？交往久了，才发现他是对自己严格，对别人却宽厚。他写的军工股研究文章很有见地，给了我很多启发。此次，他能把自己的交易体系总结出来，是一种奉献，相信股市新手们能够从他的作品中，得到很多教益与切实有效的经验，能够提高自己在市场中的存活能力。

西点老A这本著作，我仔细通读了全篇，对他的投资理念、交易体系有了更深入了解。他关注于投资原理的态度很让我佩服，一些具体方法也能相互印证。而该书最有价值的部分，还在于其对军工股专注研究所形成的调研成果，很多东西都让我眼睛一亮，为我们将来在军工股的战场上征战，提供了非常重要的战略指导。

军工股从来都是市场热点，十多年前就在炒了，不过那时候的股市还没有真正的军工上市公司，大家明知道是在炒概念还照炒不误。只要是跟军工行业沾边的都算，至于是提供高端材料，还是配套设备，或者干脆只是提供军被、袜子什么的，没有多少人会去细究，反正都是国防机密，很神秘很有吸引力。每次牛市来时军工概念股都涨得吓人，然后就在熊市跌得很惨。根本没有办法对这些军工概念股进行估值，因为谁也不知道这些概念的真假以及相关业绩的好坏。这几年，真正意义上的军工股才开始少量出现，但由于要保密，难以估算的因素依然很多，要把握其价值与上升空间还是很难，相关的研究专著更是罕见，可以说是一片空白。

而随着时代发展，真正的军工上市公司将会越来越多，军工行业作为一个有长远发展前景的暴利行业，加强研究显然是非常必要的。西点老A的军工电子行业出身和多年的部队服役经验，使得他在军工信息化、军事高科技领域建立了自己的能力圈。他既能宏观地了解国内军工企业的现状及发展前景，又能深入细致地对军工企业的经营状况、竞争优势及增长潜力进行深度挖掘，加上他有着丰富的股票交易实战经验，知道怎么用投资的语言和角度去说明所研究的军工企业的投资价值，从而能让读者大大提高对军工行业的理解。

股市虽不是战场，但是，相通的地方却很多，我们只有像西点老 A 一样专注研究，结合自己的专长，才能在烽火连天的交易市场中不断向前。

人生易老天难老，战地黄花分外香。

小小辛巴

2015 年 1 月 12 日夜写于鹭岛百家村

序四

专注与分享

雪球上有不少非常有见地、有个性的投资者，他们把自己的交易体系、思想、经验和教训都通过文字总结并无私地展现出来，在雪球上与“球友”们分享交流。点点滴滴，日积月累，他们也得到了很多投资者的喜爱。而西点老A就是其中之一。

《证券市场红周刊》与雪球、手机腾讯网合作的《投资人物专访》栏目对雪球上这些人气用户们曾经做过一轮专访，并集结成《非赚不可》一书，得到了很好的反响。这个栏目2014年继续采访“球友”们关注的热门人物，像西点老A、唐史主任司马迁、田教授这些颇有特点的雪球人气用户都成为我们的采访对象。

“球友”们都知道，在雪球上要是问关于军工股的问题，找西点老A就好啦。西点老A也是坚定地走在专注投资的路上的代表。在书中我们看到，西点老A从追涨杀跌频繁交易，到专注一个行业领域，专注一种交易模式，也经历了一个失败、反思、阅读，再到不断总结与实践的必经之路。对于军工电子出身的西点老A，在痛定思痛之后选择专注在军工北斗领域，结合自己的产业经验和信息优势，逐步把精力聚焦在业内企业上，建立“能力圈”，体会到“专注、专心”才能够“专业”的赚钱之道。

投资有很多不同的路径，通过西点老A的经历，我们再次体会到，对于一个普通的投资者，专注于某一个熟悉领域做深做透，是一条可以选择的成功路径，让“快乐投资”“安心投资”真正成为现实。

军工行业在当今中国加强国防国家安全和军工资产证券化的大背景下颇受关注。2014年也是军工股集体爆发的一年，不过在A股市场上，军工股一直蒙着一层厚厚的神秘面纱，参与炒作的人不少，但鲜有投资者能够了解这些公司的真实业务。而西点老A花费心血构建了自己独特的军工股“3231”投研体系，让军工不再神秘。其概括起来就是“三种业务类型划分，两种价值成长路径，三种估值方法”。西点老A以深入浅出的方法，让投资者以一个全新的角度更好地理解军工股，帮助他们理清了投资思路。2015年，对于军工板块的投资机会与风险，本书对此也有专门阐述，具体细节投资者可仔细阅读本书，这里不再赘述。

同时，重要的是，西点老A也构筑了一套自己的研究、选股和交易体系，并在军工股的投资实战中得以验证，让军工股的“3231”投研体系实实在在落实到投资实践之中。西点老A在书中也谈到，他的看法是“交易体系决定是否能在市场活下来，基本面研究决定你能走多远”，他的方法是基本面选股，结合技术面选择买卖点，不过，在这点上大家的方法可能并不一样。

其实，西点老A操心的事情还很多。除了把阶段性投资心得不断在雪球上与“球友”们分享外，他还乐于解答“球友”们关于军工、投资上的一些问题。同时，他甚至把“球友”们军工股的投资当成己任，在他认为军工面临大机会或者大的阶段风险时，适时地在雪球上“大声”提示，其责任感与勇气实在可嘉。

西点老A在相关文章中谈道：“我一开始就是以坦诚的态度来到雪球，不想把自己隐藏在茫茫网海中，见不到光明。”通过这样的交流，给不少投资者颇多启发，同时西点老A也坦言自身也受益与进步不少。

非常高兴能为西点老A的新书作序，欣慰地看到他的投资心得开花结果并将得到更多人的分享。阅读本书，我也看到了一个真实的从没有章法的新手到执着努力逐步成熟寻找到投资成功之路的典型缩影，这对于普通的投资者来说非常有借鉴意义。也祝愿西点老A和更多的“球友”们的研究与实践心得能够结集成书，并为更多的投资人带来更多的思考和帮助，祝愿大家快乐投资，长期持续投资成功。

《证券市场红周刊》原执行主编

林中

序五

诚以求真　行以致远

人人都有赚钱的经历，但持续稳定的盈利是难点。假如你有100万，第一年赚40%，第二年亏20%，第三年赚40%，第四年亏20%，第五年赚40%，第六年亏20%，资产剩余140.5万元，六年年化收益率仅为5.83%，甚至低于五年期凭证式国债票面利率。如果你的收益和上面情况一样，表现的像一家周期性企业的收益，长期来看很难获得理想的收益。投资的真谛是稳定复利增长。要做到这一点，你的能力圈起决定性作用。能力圈就是你的基本面，就像一家企业的基本面一样，只有良好的基本面，企业才会获得长远的发展。正如西点老A书中所说："这几年的投资生涯起起伏伏，感触最多的是'吃透股票'的重要性，也就是深入了解一只股票的内在价值和投资逻辑。做不到深入理解一只股票，带来的直接后果有两个：其一，下跌周期不敢买入股票，错失战略性建仓的机会；其二，上涨周期不敢持股，稍微涨一点就'落袋为安'了，经常错失大段利润。不论股票涨跌都不敢买不敢坚定持有——这是大部分人的成绩差异所在，背后的原因是没有搞清楚标的的内在价值和核心逻辑。"如何才能"吃透股票"？答案是逐步建立能力圈，专注能力圈！

投资是一项艰苦的修炼之旅，如果对此准备不充分是要吃很多苦头的，甚至伤痕累累。一位对易经很有研究的朋友讲过："自然是一个大宇宙，每个人都是一个小宇宙，当小宇宙的你不能顺应大宇宙的变化或运行规律，你的身体就会生病。"投资也是一样，当你的内在体系和市场规律长期相悖时，产生亏损就是必然的了。本书的名字"专注投资"，就是回归本源，对市场长期规律深入地了解，同时还要对自身投资行为不断地内省。本书谈到了很多作者在这方面的探索和对自身投资行为很真诚的内省，相信会给大家带来很多启发。

很多人专注成长，喜欢研究新兴行业，但你会发现有些行业，专注、深入研究并持有会让你赚得盆满钵满。但有一些新兴行业，起起落落，烂泥扶不上墙。这是由内在的经济规律、行业格局、供需关系和商业模式决定的，不以人的意志为转移。做投资要研究的就是这些不以人的意志为转移的规律，而不是整天去猜测市场的情绪变化。有时猜测别人的情绪变化能给我们带来收益，但那是不能够持久的。而经济规律、行业特质、商业模式是客观存在的，你只要研究透了，它在三五年内是不会有大的变化的，能为理解这些规律的投资人提供持续的竞争优势。西点老A正是这一思想的实践者。

i投资认为，研究不仅要专注，还要依靠群体智慧。因为我们已身处在一个依靠群体智慧生存的时代，如果仅仅依靠少部分人的创造力，那么我们迟早会陷入创造力的衰竭。同时这也是一个跨界融合的新时代，必须和不同行业的专家充分碰撞交流，来不断更新自己的知识体系。i投资正是利用了群体智慧，汇聚大量做产业链研究的投资者、行业专家，打造专注产业研究、结合投资实践的线上产业研究院。i投资和西点老A理念很契合，所以在i投资成立线上产业研究院"军工北斗团队"时，西点老A也作为核心成员参与并对团队的研究做出了巨大贡献。西点老A专注产业研究后迸发巨大能量，系统、深入的产业研究赢得了i投资VIP股票俱乐部很多粉丝的喜爱，在雪球上也很有影响力，成为军工研究方面的专家。

i投资线上产业研究院

序六

投资是个技术活

《三联生活周刊》每年都会做一期跟投资理财相关的封面专题，不过前两年，股市一片死气沉沉，大有被遗弃的架势，媒体也就很少提及。2014年8月，A股市场迎来一个反弹200点的小高潮，但另一方面宏观经济数据却并不好看。中国股市向何处去？成为一个摆在大众面前的焦点话题，媒体自然又开始关注了。

编辑部讨论下来，分配给我的任务是采访几个经历跌宕的股民，通过描写他们与股市之间的纠结起伏来展现过去这几年的熊市。我个人并不炒股，甚至连大盘都看不懂，是个投资“低能儿”。但我想，总不能找几个被熊市套牢的受害者，听他们给我讲炒股的血泪史吧。好歹也要传递一点正能量，找几个即便在熊市里也炒出名堂的高手。

西点老A就是这样进入我的视野的。他是由雪球财经推荐的采访对象之一。我跟雪球财经的江涛求助的时候，特意嘱咐他帮我物色两个有特点的炒股高手，后来江涛就给了我西点老A的电话。电话打过去，他很爽快，我们约第二天在中关村的一个小饭馆吃午饭。他并非专职股民，只能利用午休时间出来见我，下午还要赶去单位上班。

老实说，见面的时候还是让我小吃了一惊。从“西点老A”这名字看，就能看出他对军事的痴迷，印象里应该是个壮实的中年大汉才对吧。可见了面才发现，“西点老A”既不老，也不壮，而是一个斯斯文文的白面书生。

整顿饭基本都是西点老A在讲，我在听。由于我是外行，很多地方不得不屡次打断他来给我做背景知识的补充。西点老A很谦逊，这是给我最深的第一印象，也是与我接触的其他投资高手所不同之处。他说话慢条斯理，没有那种横刀立马的气势，但听得多了，才慢慢理解，低声细语里却也藏着一股子坚持的劲儿。

跟几乎所有投资者一样，刚刚进入股市的时候，西点老A也想着四面出击，广泛涉猎，一夜暴富，但跌宕起伏之中，输得很惨。他也算有过一段屡败屡战的经历，终于在后来顿悟——炒股和谈恋爱一样，也需要专一和投入。因为工作便利，他就一心扎根在了军工领域，很快成为军工股的一个专注型投资者。那顿午饭结束时，西点老A从随身背的单肩包里掏出一本航空发动机知识杂志给我看，他当时正在研究两家做发动机的企业，用做科学研究的劲头儿来做投资，他应当赢。

我不懂投资，更不懂股市里的技术。但这个专题报道结束的时候，我采访的炒股高手们却用各自不同的经历告诉了我一个相同的道理——投资是个技术活儿，不是空有一腔热情和胆识就能赢的。以前印象里，好像投资多半靠运气，但运气这种东西只存在于大牛市，人人都有好运，一个正常的市场里，运气是最靠不住的。我们往往只看见别人赢的结果，却忽视了别人为此付出的百倍努力。亲身了解了那些投资高人的付出与辛苦之后，我对他们得到的回报不再惊讶，他们值得拥有。

西点老A写了这本书，托我写几句推荐的话，我一直拖着，心想自己是个投资门外汉，哪有什么资格去评判西点老A这样的武林高手呢？不过，翻看完他写的这些投资心得与经历之后，才意识到，投资跟生活一样，也需要高超的技艺，需要埋头钻研与用心对待，需要一股专注的精神头儿。没有无缘无故的回报，一切皆因你付出了，一切都很公平。

愿西点老A在资本市场里可以勇敢搏击，做个常胜将军。

《三联生活周刊》

魏一平

目　录

第三章
交易:“情绪控制、资金管理、交易系统”三足鼎立

第四章
研究:“3231”投研体系,让军工股不再神秘

第五章
实战:站在军工大时代的风口上

Chapter One

第一章

理念:坚定地走在“专注投资”的路上

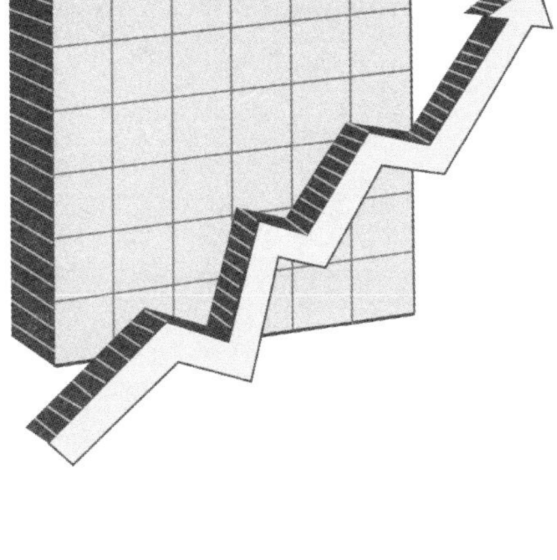

第一节　投资,从建立我们的能力圈开始

宋朝的时候,有一位叫陈咨尧的人擅长射箭,他认为世上像他这么高水平的找不到第二个人,因此他很骄傲。有一天,他在自家的院子里射箭,有个卖油的老翁放下肩上的担子,站在旁边,歪着头,很有兴趣地观看他射箭。

陈咨尧射出的箭,十支中有八九支射中了靶子,老翁看了便微微点头。陈咨尧问他:“你也懂得射箭吗?我的箭术是不是很高明啊?”卖油翁却说:“也没什么别的技术,只不过是手熟罢了!”陈咨尧一听很生气地说:“你怎么敢贬低我的本领!”卖油翁微微一笑,说:“我是从倒油的经验悟出这个道理的。”接着,卖油翁把一个油葫芦放在地上,葫芦口上不放漏斗,却放了一枚铜钱,刚好把葫芦口盖住,只留出铜钱中间那个小孔。然后,卖油翁慢慢地用勺子舀出油来往葫芦里倒,只见油像一条细线一样从钱孔中流入葫芦,一勺油倒完了,那枚铜钱却没有沾上一点油痕。倒完,卖油翁直起身子,笑了笑说:“我这点技术,也没有什么了不起的,不过就是手熟罢了。”

这就是大家耳熟能详的《卖油翁》的故事,这个故事告诉我们“熟能生巧”的道理。很多事情其实并没有太多的技巧,需要的是我们不厌其烦地、专注地去把复杂的事情做到“唯手熟尔”,也就是通过专注、专心,最终做到专业。

这几年的投资生涯起起伏伏,感触最多的是“吃透股票”的重要性,也就

是深入了解一只股票的内在价值和投资逻辑。做不到深入理解一只股票，带来的直接后果有两个：其一，下跌周期不敢买入股票，错失战略性建仓的机会；其二，上涨周期不敢持股，稍微涨一点就“落袋为安”了，经常错失大段利润。不论股票涨跌都不敢买不敢坚定持有——这是大部分人的成绩差异所在，背后的原因是没有搞清楚标的的内在价值和核心逻辑。

在自己的能力圈里，才能更好地“吃透股票”

如何才能“吃透股票”？方法就是逐步建立自己的能力圈，专注能力圈！其一，人的能力和知识结构有限。一个人不可能什么行业都懂，都精通，不可能有无限的精力掌握所有的行业和领域的专业知识和产业特点。为了深入理解一个企业，必须全面理解其所在行业的特点、相关领域的专业知识、产业链上下游、竞争对手情况，熟悉公司的盈利模式、业务状况和核心竞争力。其二，人的精力有限。研究一个行业需要耗费的精力非常大，且不说在积累专业知识和建立基本分析框架方面耗费的大量精力，单就对行业进行动态跟踪，就足以让人应接不暇。产业发展趋势、行业技术动态和资本动向、国外相关产业动态、产业链内公司的动态事件——对这些进行跟踪和分析都需要时间。

所谓“能力圈”，就是知道自己知道什么和不知道什么，要永远只在自己熟悉的领域内投资，不管你的能力圈有多小，“小”总强过“无”。坚守自己能够理解的范围，只做自己理解的企业。在投资外扩展你的能力圈，在投资中守住你的能力圈。如果你不了解这个行业，你有两个选择：尝试了解或者回避投资。如果你对这个行业的了解还处在学习过程中，也请不要贸然投资。

军工电子出身的我，痛定思痛之后选择专注在军工北斗领域，结合自己的产业经验和信息优势，逐步把精力聚焦在业内企业上。建立自己的能力圈再做投资的时候，效果立刻就有体现——买卖股票少了，心态稳定了，涨跌的理由比以前清楚了，收益稳定了。

有人问：专注一个行业就是能力圈吗？未免简单了一些吧？是的，专注也不一定能够形成能力圈，但是，总比不专注强一些——我一个学电子通信的，既研究医药生物，又研究有色金属，还关注石油开采……大家一定明白这样做的后果。

能力圈不是简单的知识堆砌

通信电子行业的从业者就一定能够做好通信电子股票吗？不一定！行业知识只是基础能力，在此基础上还要进行大量的总结和提炼，形成投资逻辑和判断。熟能生巧，能力圈是建立在大量的专业知识、行业经验和大量阅读的基础上的。看懂一个公司的商业模式，看清其发展战略，读懂其财务报表，这些都不足以表明该公司在你的能力圈之内。能力圈是投资者建立在自己的专长、经验和智慧基础上的洞察力的作用范围，这种洞察力能够帮助我们准确判断出潜在投资对象是否有持续的竞争优势。能力圈的边界，就是这种洞察力的“有效射程”。如果在“有效射程”内没有合适的“猎物”出现，保守的投资者通常选择耐心等待，而不是向“有效射程”之外的目标“开火”！

当有人对你说，某某资本市场遍地是金子的时候，你更要小心，因为许多金子落在你的能力圈之外。要能够克制自己不去捡能力圈之外的钱，哪怕它散落得遍地都是。股市诱惑何其多，守住自己那颗浮躁的心，才能够守住自己的钱包。守住能力圈就不会成为“见钱就捡”的机会主义者。当你拿着一只自己不懂的股票时，你就是在“赌”，特别是重仓，再赶上市场不稳定的当口，是否能够吃得下饭，睡得着觉，笑得出来，都是个问题。

远离亏损从“专注投资”建立“能力圈”开始

能力圈范围的大小并不重要，清楚自己的能力圈边界才是至关重要的。你并不需要成为一个通晓每一家或者许多家公司的专家。你只需要能够评估在你能力圈范围之内的几家公司就足够了。

毛主席有句名言：不打无把握之仗。投资和打仗一样，都是高风险，都是在不确定中寻找确定性。巴菲特充分认识到了这一点，坚决不买没有把握的股票。对此他说：“我把确定性看得非常重……只要能够找到确定性，那些关于风险因素的所有考虑对我来说就无所谓了。承受重大风险的根本原因是你事先没有考虑好确定性。”大多数人投资失败的第一大原因，就是违反了能力圈原则,买入了自己能力圈范围以外的公司股票。

很多人只是因为看了新闻报道,听了股评,就选择了自己不怎么了解甚至根本不了解的所谓高科技股或者概念股,结果最后大亏。同样这些人,如果问他们会不会合伙做和买入股票的公司同样的生意,他们绝对不会。让我们遭受失败的敌人不是别人,而是我们自己。当我们离开自己的能力圈时,就如同离开根据地孤军突进的部队,如同离水上岸的蛟龙,如同离开老巢下山进入平原的猛虎。

对于和我差不多的业余投资者而言,专注投资可以让你避免因“频繁换股,过度交易”而导致连续亏损!只是因为看了新闻报道,听了股评,就选择了自己不怎么了解甚至根本不了解的股票,结果最后大亏。无论什么股票,在“莫须有”的想法下都想买一点。手里的股票所涉及的行业五花八门,对每一个公司都是肤浅的理解,甚至不知道公司是干什么的!这样的后果就是:股票在你眼里就是一个代码而已,久而久之,必然走上“频繁换股,过度交易,持续亏损”的不归路。

有人说在股市亏损是散户的宿命。混迹股市十年还持续亏损的人,丝毫不值得同情,因为你从来没有认真思考过,反省过!

第二节　股市有没有黑天鹅

黑天鹅的由来

有一个故事，说在澳大利亚被发现之前，生活在 17 世纪欧洲的人们都相信一件事——所有的天鹅都是白色的。因为当时所能见到的天鹅的确都是白色的，所以根据经验主义，那简直就是一个真理。直到 1697 年探险家在澳大利亚发现了黑天鹅，人们才知道以前的结论是片面的——并非所有的天鹅都是白色的。

黑天鹅事件充分说明了我们认知的局限性。虽然人们是在观察了几百万只天鹅之后才得出了“所有的天鹅都是白色的”这一结论，但只需要一个新的发现就能将它彻底推翻。

在投资领域，黑天鹅事件指难以预测且不寻常的事件，通常会引起市场的连锁反应，甚至颠覆市场。黑天鹅通常指不可预测的重大稀有事件，它在意料之外，却能改变一切，但人们总是忽视它，并习惯于以自己有限的生活经验和不堪一击的信念来解释这些意料之外的重大冲击。

股市黑天鹅只是人们回避现实的借口

在股市中，我们无法预知涨跌。根据以往经验进行预测的理由要么过于简单,要么根本就是错的。而且,真正重大的事件是无法预知的。我们无法通过观察、归纳已经发生过的事情来预知这些大事件,大家通常把这些重大事件称为“股市黑天鹅”。比如大到全球性的金融危机和股灾,如1997年亚洲金融危机、长期资本管理公司的覆灭,小到行业和公司的事件,如三聚氰胺事件对奶制品行业的打击、獐子岛的“扇贝失踪”事件。在这些突发情况中,投资者通常都会遭受巨大的损失,根本不会有丝毫的防范。从心理上找个理由慰藉一下是可以理解的,但是,如果硬要把这些事件归于股市黑天鹅,我认为是不妥的。

其实资本市场突发事件、重大变故是经常发生的,如金融危机和股灾通常是和经济周期紧密相连的,行业和公司的突发事件也是商业运行中常有的事情。这些负面的事情导致股票市场大幅度下跌是很正常的,怎么能够用一个“黑天鹅”作为借口?

所谓股市黑天鹅,只不过是一些人回避现实的借口罢了。混迹资本市场,没有出手之前你就应该把所有可能的风险要素考虑在内,并有相应的应对策略,这才是一个合格的投资者。不把风险管理做好,只是在市场出现重大变化之时将自己的亏损归因于“黑天鹅”,是无论如何也说不过去的。

A股与港股市场中的黑天鹅

我们看一看中国股市二十多年来的几次大幅下跌。在几次主要跌幅达到七成的行情中,稍不留神就会让你一生的财富灰飞烟灭。每一轮上升行情中不论你赚多少,如果在回调中没有及时收手,相信很多人就会连本带利都还回去。2001年、2005年、2008年跑路的投资家、跳楼的大户在新闻里经常出现,一点都不夸张。当把自己的一切都赌上的时候,甚至还加大杠杆的时候,基本上就决定了悲惨的结局。看看A股二十年来的表现,如此高频的各种恐慌性下跌,怎么能是黑天鹅事件能解释的呢?对于股市来说涨涨跌跌不是稀疏平常吗?在2007年的“5·30”大跌中,我在股市和权证两个市场挨了双重的耳光,亏掉了所有投入股市的钱。幸亏当时自己刚入市,本金不大,还承担得起。要是押上所有身家,基本上那一次我就彻底从股市消失了。

A 股市场如此,港股也是一样,被称作“黑天鹅”的突发事件也是经常发生,而且通常会演变到股灾的程度,比 A 股有过之而无不及。下面我们看看港股市场几次被称作“股灾”的大跌行情。

• 1973 年股灾

1973 年的股灾是港股史上最大规模的股灾之一,恒生指数于一年内大跌超过九成,数以万计的市民因此而破产。之前,恒生指数由 406.32 点调整至 1972 年 1 月 27 日的 323.95 点后,扶摇直上,到 12 月 29 日上升至843.40 点。

1973 年开始,市场继续疯狂,3 月 9 日最高达到 1774.96 点,期间,市场出现一些如“消防员到交易所救火”“鱼翅捞饭”“教师文员辞职全职炒股”等社会现象。此时,发生了一件刺破泡沫的事情:置地利用股民对股票知识缺乏的弱点,宣布一送五红股,而当年的股民没有“除息”“除权”的概念,不知送红股实乃数字游戏,争相抢购。当置地除权时股价调整至送股前的六分之一,再加上市场出现假冒合和实业股票,人们担心所持股票成为废纸引起市场恐慌。4 月 4 日,税务局突然在各大媒体刊登“买卖股票之盈利须纳利得税”,人心更加不安。1974 年 12 月 10 日,恒生指数下跌至 150.11 点,跌幅达 91.54%,相当于 1969 年的水平。

• 1987 年股灾和 1997 年股灾

1987 年股灾中恒指累积大跌逾四成,单 10 月份就急挫四成。时隔 10 年的 1997 年亚洲金融风暴,恒指累跌三成,单一周就急跌 3100 点,总市值蒸发超过八千亿。两者均令股民大受打击。1987 年股灾,我们可以通过电视剧《大时代》去感受一下当时的惨烈。

在当时一片荣景的经济表象面前,因亚洲金融风暴突至,恒生指数在一日之内大泻 1439 点,跌幅达 13.7%,股市市值两个月之内蒸发 21000 亿,缩水三分之一。炒输股票的股民接连自杀。股灾的多米诺骨牌效应还殃及楼市。股灾后,楼市在短短一年内大跌七成,超过 10 万名业主成为“负资产”。

对于港股,有“十年周期”一说——十年内一个大的轮回,涨跌两个方向都要完成一轮运动。和 A 股一样，涨多了跌，跌多了涨，和经济周期紧密联系，何来的黑天鹅一说？

全球股市“大地震”

再看看 2008 年美国次债危机引发的全球性金融危机。这次危机首先在美国引发金融企业破产潮，接着导致全球股市暴跌，2008 年是全球股市历史上最黯淡的年份之一。在人们的记忆里，自 1930 年代以来，股市还未遭遇过如此强烈的“大地震”。全球主要股市的市值损失几乎过半，约损失了 25 万亿美元市值，仅巴黎股市 CAC40 就损失了 6000 多亿欧元的市值，相当于法国一个季度的国内生产总值。面对如此的全球性金融危机，近代史上也许只有美国 1929 年的股灾能够与之相提并论了。

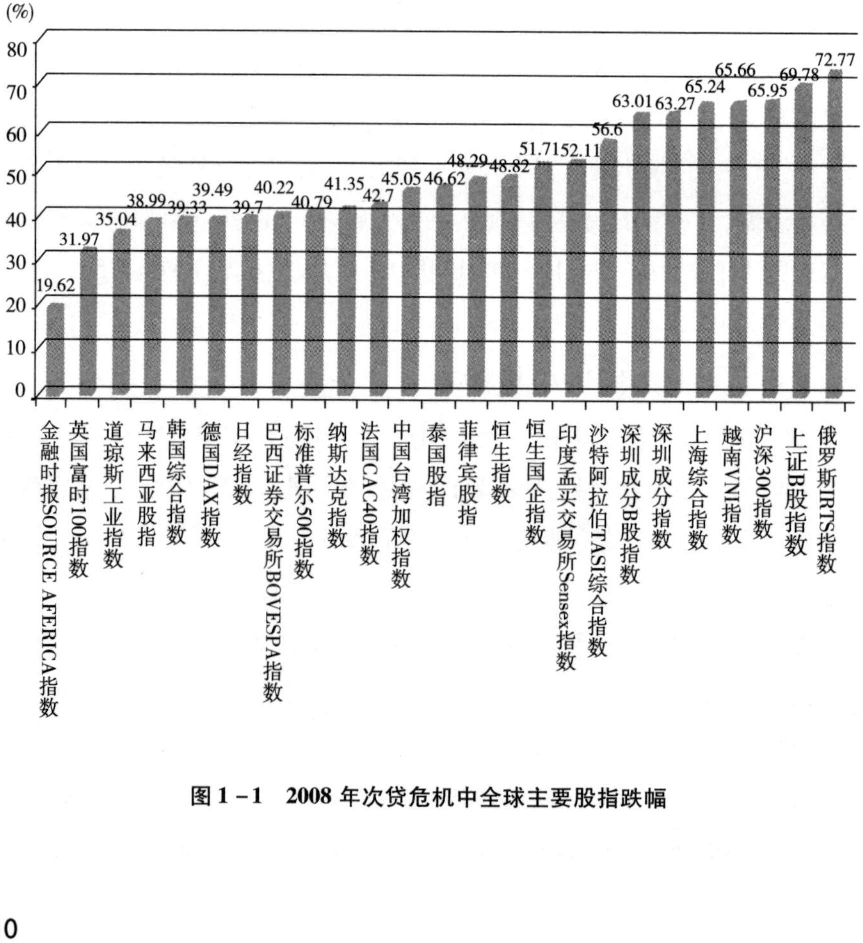

图 1－1　2008 年次贷危机中全球主要股指跌幅

股市没有“黑天鹅”,但心中要有“黑天鹅”

没事的时候,我喜欢反复学习世界各国股市历史,特别是著名的金融危机、股灾等案例,时刻告诉自己,股市中,随时随地都可能发生巨大的不确定性危险,在准备进攻之前,一定要做好防守的准备,做好应对的风险策略。在资本市场,首先要面对的就是风险管理,风险的发生都是突然和意外的。人们都做好准备的事件发生了,就不是风险。那么,面对股市的未知,如果我们没有做好风险防范措施,当突发事件来临的时候,很自然地就认为这是“黑天鹅”事件。

股市没有“黑天鹅”,但是心中一定要有一只“黑天鹅”,当我们准备股海冲浪时,首先要做的就是花百倍的精力和时间来认识什么是风险,以及这个市场的本质是什么。资本市场里充满了头脑聪明、高智商的竞争对手,那么,在进入这个市场之前,是否应该想想我们靠什么去生存。股市的发展是曲折的,是很多人交了巨额学费后才逐步健康发展的。如果我们有了风险意识,也许我们的学费就可以少交甚至不交。由此我常常想,“股市有风险,投资需谨慎”这两句可谓老掉牙的话,其实是充满大智慧的,只是大多数时候我们并不知道“风险”二字之含义。

第三节　投资战场，兵不厌诈

中国兵法有“兵不厌诈”之说，如诸葛亮之空城计和草船借箭、“声东击西”“明修栈道，暗度陈仓”“如欲取之，必先予之”等广为流传、脍炙人口的故事和习语等，充满奥妙和玄机。无论在战争中，还是商业竞争中，抑或是投资中，都需要我们具有反其道而行之的思维。作为一个言必及军工的老兵来说，笔者还是以一场后美苏争霸时代的航母暗战故事说起吧。

航母暗战

提到苏联和俄罗斯的航空母舰，人们最熟知的，莫非基辅级、库兹涅佐夫级。两级航母的经典——基辅号、明斯克号和瓦良格号如今都在中国，明斯克号更被改装成主题公园。对军事熟悉的人更会对目前俄罗斯唯一一艘在役常规航母——库兹涅佐夫号念念不忘。不过有谁知道，苏联曾经建造过媲美美国尼米兹级航母的核动力航空母舰？

知名军事栏目《军情解码》曾做过一期关于俄罗斯航母的节目，内容如下：

当时，俄罗斯最大的航母还在制造之中，美国通过挪威送来巨大订单要使用航母建造的船台，而后又高价买航母的躯壳废铁。等到航母梦彻底毁了以后，两份订单也就消失了。俄罗斯贪小利，被美国忽悠，兵不血刃，最后被美国废了航母的武功,吃了大亏。下面笔者就为大家细细讲解这段历史。

20 世纪 80 年代,苏联开始酝酿建造第四代大型核动力航母乌里扬诺夫斯克号(以下简称“乌号”)。1988 年 11 月 25 日,乌号在苏联的“航母专业户”——黑海的尼古拉耶夫造船厂正式开工。虽然舰艏仍采用滑跃起飞甲板,但舰上在斜角甲板上拟装两部蒸汽弹射器,定于 1994 年下水。当时俄罗斯唯一一艘也是第一艘真正意义上的航母——库兹涅佐夫号并不具备与尼米兹级航母及航母战斗群叫板的实力。库号虽有着超过巡洋舰的火力,但是作为航母带机量太少,不足以形成抗衡美国航母的力量。采用跃升甲板虽然获得了搭载和起降常规固定翼飞机的能力,但却让原本很优秀的飞机的带弹量、带油量大打折扣。这样,乌号就有着非同寻常的意义。乌号建成后,将使苏联成为拥有这个星球上唯一能够与美国尼米兹级航母抗衡力量的国家。

苏联太想追赶美国的航母了。尼古拉耶夫船厂积累了丰富的工艺、技术和生产管理经验,生产装备及能力也有了很大提高,形成了均衡建造的节奏,即每三年有一舰上船台,每三年有一舰下水;一舰下水,后续舰于当日上船台。乌号的龙骨就是在瓦号下水当天铺上尼古拉耶夫的 0 号船台的。相比美国十年的工期,实在是够快。苏联还为乌号特别拨款对尼古拉耶夫船厂进行了大规模改造,甚至将大渠和布格德涅伯利曼河道竣深,以保证乌号日后建成能够出海。

然而,厄运很快降临到尚在襁褓中的乌号身上。1991 年,苏联解体,建造工程随即于当年 11 月终止,而此时船台大合拢已近尾声。由于在乌克兰尼古拉耶夫的黑海造船厂建造,而船的主人是俄罗斯,造船的是乌克兰,乌克兰开出的价格俄罗斯不能接受,于是这份“遗产”就归了乌克兰。对于家底很薄的乌克兰来说,持有这份遗产的代价太过昂贵——接着造,没钱造不起;丢了,又舍不得;卖给俄罗斯,俄罗斯也认为价格不菲,摇了摇头,说了声算了。

就在乌克兰左右为难的时候,一家挪威的公司出场了,该公司说要造 6 艘大型商船。造这种商船,需要使用停泊乌号的 0 号船台。同时,美国的一家大型钢材公司的副总裁来到乌克兰的造船厂,说要收购这艘航母的钢材,收购价格是450美元/吨，这个价格高出平常价格很多，况且当时的航母用掉了数万吨钢材。

两份天价合同，这不是天上掉馅饼的好事吗？1992年初，俄罗斯和乌克兰政府联合决定，为给建造出口船腾出0号船台，将乌号拆解为废钢。当航母拆得差不多的时候，美国那家钢铁公司的总裁来了，说得按照150美元/吨的价格，之前的副总裁不了解钢铁市场，原来签订的合同作废。这还不是最惨的。没几天，挪威的公司说，原来要订购的6艘商船合同解除。当然解除这两份合同，美国的钢铁公司和挪威的公司只需要付出极小的违约代价。

到这里，各位应该明白了，美国和他的盟友兵不血刃就把对手的"武功"废了。作为国家行为的航母建造，就在这看似小孩过家家似的忽悠之下烟消云散。这时无论是俄罗斯还是乌克兰都已经无力再建造航母了。乌号的烟消云散，也标志着苏联几十年的航母梦破灭。尼古拉耶夫船厂厂长马卡罗夫这样哀叹：这不仅是一艘航母的终结，它更是俄罗斯航母时代的终结，是工厂及全国为之奋斗了近35年伟大事业的终结，能成为伟大强国骄傲与威严的终结。自此以后，俄罗斯的海军开始了长达二十年的衰落之路！

商业竞争：兵不厌诈

在大国博弈的各个层面都能够看到兵不厌诈的鲜活案例，在商业和投资领域，这种商家之"诈"，精心谋划的事例也是不胜枚举。企业想在短期内取得出奇制胜的效果，会用故弄玄虚的手段让竞争对手摸不透、看不清自己的战略意图，迅速抢占市场。下面让我们继续分享一个小故事。

20世纪60年代日本摩托车工业的兴起与成长就是一个很好的例子。1968年以前，日本还没有自己的摩托车工业，国内的摩托车市场上充斥着国外产品。1969年，日本政府决定振兴自己的摩托车工业。当时日本的国力对购买技术已不成问题，有人提出求助号称"世界摩托车生产王国"的法国，购买法国的专利技术，引进他们的生产线，按他们的型号进行生产。法国人自然很有兴趣，并许诺引进法国的流水线，可在4年内建成年产600万辆的摩托车厂。但日本却另有打算。他们在全国招聘了200名具有丰富经验和研究能力的摩托车工程技术人员，编成12个小组，开始走访世界各国有名的摩托车生产厂家,每到一地就声称:日本决心发展自己的摩托车工业,一是买一部分,数量很大;二是请你们帮助我们设计一个工厂。他们参观生产现场,详细了解摩托车的性能、构造,并购置样机,说是带回国去货比三家再签合同。这下可调动了外国老板们的积极性,唯恐失去签订合同的机会,争先恐后地介绍自己的产品。

一年以后,日本的这 12 个小组满载而归,不仅得到了大批科技、专利资料,还带回了 170 多部样机。回国后考察小组博采众家之长,最后设计出日本自己的新型摩托车。从出国考察到建厂投产也只是用了 4 年多的时间,但却生产出了正宗的日本国货,投入国际市场后销路很好,还造就了像本田技研这样的摩托车大集团公司。

问君能有几多愁,恰似买了中石油

上面两个故事一个是大国之间暗战,一个是商业竞争,都是通过声东击西的方式达到自己的目的,是兵不厌诈的最佳案例。那么在投资领域又有什么样的故事呢?那就从中石油上市开说。

中石油在 A 股上市之前,巴菲特持有大量中石油 H 股,他在 15 港元左右几乎全部出尽,而且是在油价创出每桶 88 美元新高和中石油马上就要增发 A 股的内外利好背景下。巴菲特大量抛售中石油前后,格林斯潘公开宣称中国的 A 股已经泡沫吹大;华人首富李嘉诚亦再次断言 A 股已经风险积聚,他也在出售南航的股份。

可是回到国内的市场,又是什么情况呢?早在中石油上市之前,很多朋友都来问我是不是开盘可以买,当时我并没有回答这个问题,你起码要让我看看开盘价吧!直到中石油上市第一天晚上,我发文坚决看空中石油,而看空的理由,当时只是讲了一个故事——金利来领带如何打入中国市场的故事。金利来领带打入中国市场的手法很奇特。公司先是在中国打广告,但是广告打了半年,产品就是不进入中国市场。看到广告后,很多人到了市场上一看,居然没货,这种做法无疑就是在吊胃口。半年后,金利来领带一进入中国市场,马上就火了,这半年只看广告而没有地方去买的人这下终于可以买上名牌了!再来回想一下中石油,其实也是这样的一个道理:在中石油上市半年前就在给它造势——中石油这个大蓝筹要在A股上市了！股民心里迫切地盼望着中石油能在A股上市，能买到这个大蓝筹。终于，中石油上市了，以48元的价格高调开盘，这时候股民如此火爆地抢购，正成为了中石油配股机构（要知道机构配股的价格只有16元）出货的好机会！散户在第一时间大量抢入中石油，这时候就已经能确定它的未来了！

中石油这个大家伙上市前就引起了很大的风波，搞得轰轰烈烈。可笑的是它从48元然后一路下跌，四五年后就剩下一个零头。不到下一波超级大牛市，恐怕40元以上买入的就得牢牢套着了！如果你明白金利来领带打入中国市场的道理，就应该不会去抢购中石油。在股市里，大多数人认为正确的东西往往就是错的！

立足投资战场的核心：苦练内功，懂得用兵之道

兵不厌诈！无论是在哪个战场上，总是硝烟弥漫，战火纷飞，都需要我们多一份谨慎，多走一步，多想一招。在投资中，技术分析也好，基本面分析也好，到头来并不能起到很大的用处，最终起作用的还是自身的内功。分析手段不过是武器而已，你用刀，他用剑，还有用枪的，用什么武器无法决定输赢，最终决定胜负的还是自身的内功。内功又包括很多方面，临战经验、自身素质、性格等，重在用兵之道！当你将手中的武器运用精熟后，考虑的恐怕就是研究用兵之道了。反其道而行之，对利好和利空的各种解读都体现在这功力之中。

在投资中，如何识别对手的“诈”，这是一个大的话题。简言之，通过深刻理解持仓标的，对公司所处的行业背景和具体业务进行深入的调研和研究，理解其内在价值，不要被波动的价格和报表数据所迷惑，该持股时持股，该空仓时空仓，基本就规避了大部分的诈术和欺骗。

第四节　如何才能做到安心投资

你的梦想是什么

笔者曾在《羊城晚报》上看到一篇文章，很有意思，文章说了这么一个故事。

有个儿子，那天做的家庭作业是采访自己的爸爸，写篇作文。他问爸爸：“你的梦想是什么？”爸爸说：“我只有三个愿望，第一个是吃得下饭，第二个是睡得着觉，第三个是笑得出来。”

儿子听后，不以为然：“人家同学的爸爸都梦想当大官、发大财、出大名，你的梦想却这么可笑！”

谁都有梦想、有愿望，当大官、发大财、出大名是当今多数人追求的梦想。谁不想干一番惊天动地的事业？谁不想流芳百世？不过，即使这些真能如愿，也未必能实现这位普通爸爸的三个愿望。

有了财富，又要为守住财富而担惊受怕，又要担心贼会惦记着，还要担心做生意会不会赔了。

有了名声，又要为保住名声而瞻前顾后。这样，就很难吃得下饭、睡得着觉、笑得出来。

因此，无论你有什么样的梦想、什么样的远大志向、什么样的美好愿望，最终追求的就是生活幸福。但幸福的滋味,只有吃得下饭、睡得着觉、笑得出来的人才能品味出来。

这位爸爸的小愿望其实代表了人生最重要的东西。因为,无论身居高位,财产殷实,还是名声显赫,你都是人,是人就得吃、睡、笑。吃和睡是生存的需要,笑是健康的代表。一个人能否笑得出来,是你活得快不快乐的主要标志。而且,随着生活节奏加快,人们笑得越来越少,有些人甚至不会笑了。

股市杀手:频繁交易

其实,这三个标准不仅是人生幸福与否的衡量标准,对于投资者来说,更是一个衡量投资成功与否的标准。买入一只股票,仓位合适不合适?买点好不好?有没有顺势?把握有多大?对于这些问题的回答多种多样。一个正常人,平时十分理智,但是一旦参与到股市中来,就会在贪婪和恐惧的攻击下变得患得患失、惶惶不可终日,压力大得甚至到了精神恍惚的地步,这是为什么?

市场中,太多的投资者盯着电脑显示屏,生怕错过一段行情——买了怕跌,卖了怕涨,每天处在焦虑之中,最终的结果一定是顾此失彼,总是两面挨耳光。这些人整天寻找“火箭发射”盘中直线拉升的那一刻,看盘的时候,甚至连厕所都不敢上,不舍得上。对于大多数股民来说,请不要羡慕短线高手,所谓的短线高手,都是万里挑一。普通人做短线差价,追涨杀跌是不合算的。做差价有几个问题:

第一,你差价做完后,下次还做不做呢?回答一定是肯定的!你还会再做!但如果下次做,卖完后价格涨了,你咋办?踏空?追买回来?然后把上次赚取的利润再吐回去!于是做差价的结果还是个零。但印花税可是真真实实地被收走了!

第二,你不断在盘中做差价,你会习惯卖完后再下跌哪怕只有几分钱就想买入,因为存在踏空的可能。就这样,不断买入,卖出,真正的趋势转折出现时,你早已被频繁的买卖行为搅乱了头脑,哪有可能去判断反转趋势?

第三,频繁买卖,你要承担大量的手续费和佣金,这些消耗使你的投资回报大打折扣。

第四，你每天盯着电脑，将使你的时间被大量挤占，从上午九点到下午三点，你什么也干不成，有的只是追涨杀跌！

第五，每天频繁交易，大脑缺血，你的健康在衰退！

大多数人喜欢频繁交易，原因是认为“我自己远比一般人要强”！但是在逻辑上，怎么可能多数人的能力都比一般人强呢？自以为聪明，自以为能力过人的频繁操作，实际上是看不清市场本质的表现。市场中有数以万计的聪明的大脑都和你一样，在试图变得比大家更聪明。这数以万计的都在想超越其他人的投资者，他们的行为最终导致的结果是：股价在短期内不可预测，因此对短期趋势和股价的判断是很难正确的。以不可能正确的判断进行操作，结果就是赔多挣少。减少操作次数本身就可以避免不必要的失误和风险，也就是说，你只要减少交易次数，就可以在其他能力不提升的情况下，提高投资收益水平。

你为什么投资

当你不断亏损时，是不是该停下来，想一想当初为什么进入股市。如果搞到睡不着觉、吃不下饭、笑不出来，那么这件事情就没有意义了，至少说明我们的方法和路子不对。

普通老百姓进入股市的初衷都是想实现财务和心灵的双重自由，通过投资实现自己的理想，不用为朝九晚五的上下班奔波，不用看老板的脸色，不用谈订单，不用追回款。可是进入股市才发现不是那么回事，自己高估了自己的定力和能力。我本人也是一样，怀揣着兴奋的心情和理想进入股市，第二年开始就完全不一样了——被股市彻底打败，五六年才稍微喘口气。经历了无数的坎坷和打击才或多或少明白什么是股市，什么是股票。

投资者应首先学会坚持和忍耐

有人说，股市难，那是因为大部分人频繁交易，我要是做长线就可以了，通过长时间投资优秀企业就可以成就财富人生。可是，大部分人都知道“长线是金”“放长线钓大鱼”的朴素道理，但在现实生活中有几个人真正做到了呢？这其中难以做到的原因是什么呢？其实投资远非是知道我们该买哪只股票。在中国没有几个人不知道云南白药、同仁堂是很好的投资对象,但是有几个人又去买入和长期持有呢?好东西是藏不住的,就像股市里好的公司,肯定是大家所熟知的,那投资到底难在哪里呢?

投资最难的事情是坚持和忍耐!投资者难以坚持的根本原因是什么?是人性、知识水平以及思维眼光。投资者的核心竞争力在于投资者的人性和对企业的理解以及自己的世界观,而不在于知道哪家公司好。选股其实很简单,利用生活常识、行业特性就可以淘汰90%的股票,然后从中选出真正具有核心竞争力和可持续成长的最优秀的企业。投资的核心是如何坚持长期投资,因为长期投资面临的诱惑和恐惧何其多!

如果感觉选择优秀的企业还有难度,那么最好的办法就是专注于自己最熟悉的领域,从自己从事的行业入手,去选择投资标的,挖掘投资机会。自己熟悉的行业,熟悉的公司,做起来自然得心应手。常年跟踪一个行业,对于行业的周期波动、公司业务发展自然是了然于胸,对于股票什么价位值得持有自然比外行人心中更有数。专注之后,心态就会慢慢变好,把对股价的判断建立在企业价值的基础上,那么一定会睡得安稳,吃得香,笑得爽朗,自然就会做到安心投资、快乐投资,这才是我们孜孜以求的目标。

第五节　在股市我们赚的是什么钱

市场一好起来,很多人就开始跃跃欲试,准备靠股票谋生了。股市门槛很低,拿个身份证去开个户,存个几百几千块就可以交易了,特别是在市场好的情况下,入市通常可以靠运气赚到一些钱。可是这只是表面现象,看似门槛很低的股市,实际上很难做得出色,这一行和其他职业没有什么区别,既没有什么捷径可走,也不会有一夜暴富的传奇。相反,在股市想要生存都很困难,问问身边炒股票的人,赚钱的有几个,在股市生存五年、十年的人有几个。大部分人都以失败告终,就像《炒股的智慧》一书中描述的那样,这其中的大部分人不乏高智商、在其他行业干着体面工作的人,来到股市却以“宿命”般的失败告终,足见股市的艰难。

就在2014年下半年热闹行情的背后,可能有人却因为“调仓换股找快牛”还亏钱了,可能有人乱了手脚到处找人问“买入什么”“踏空了怎么办”,可能有人开始怀疑自己之前看好的股票看好的理由还成立吗。就像有人调侃的那样,“一根阳线改变情绪,两根阳线改变观点,三根阳线改变信仰”。

其实不论市场向上还是向下变化,这样的心态和情绪波动在股市都是一直循环演绎,“太阳底下没有新鲜事”。由此引发我的深思:在股市,我们到底赚的是什么钱;怎样才能持续稳定地赚钱;当我们心态失控,情绪剧烈波动的时候，我们还能冷静观察和思考吗；当我们对自己持有的股票没有深刻理解的时候，我们还能坚定持有吗；当我们忘记了过去所犯的错误时，我们会不会为同样的冲动和错误再次买单。以我的理解和实践，我们大部分人可以从股市赚三种钱。

赚“心态控制”的钱

心态控制是股市非常重要的一门必修课，没有好的心态，在股市就会处处被动挨打，被市场牵着鼻子走，结果一定是四处碰壁，鼻青脸肿。什么是心态？心态就是这几天面对着金融股、资源股的不断走高你却没有持有，会不会着急，会不会想着要卖掉手里的股票去追快牛？抑或是，平时打开行情软件，面对着一个个涨停板，一个个“火箭发射”的时候，自己的股票却半死半活地卧着，心里会不会着急上火，想追一把试试？再或者，当你花了很多天研究了一只股票，发现公司和行业的基本面都不错，结果和朋友聊股票却挡不住别人几句话就否定了自己的一切努力？

心态的背后是人性的弱点。人性包括很多东西，与投资相关的、投资者必须具备的品质是耐心、定力和独立思考的能力，必须克服的人性有贪婪、恐惧。在投资活动中，耐心是极其宝贵的品质，多年来，模仿巴菲特投资策略的人很多，但是成功者很少，一个重要原因是他们缺乏巴菲特的耐心和坚持。为什么人们缺乏耐心？这其实是与人的本性有关的，人是一个群居的动物，喜欢随大众，当狂热的大众在贪婪的驱动下被眼前的牛市所迷惑，他就会失去耐心，哪怕是在股票高估的情况下也敢杀进去，就像当年48元的中石油，至今很多人仍然牢牢套在山顶上。

心态是怎样炼成的？心态不成熟主要是投资者对自己、对市场没有一个全面清晰的认知，历练不够。自己的能力圈在哪里，自己有什么特长，市场的一般规律是什么，尚未搞明白这些基本的东西。对市场波动反应不灵敏的人非要去做短线，学医药的非要去做电子股，这样做可以，关键是你要问自己：这么做的胜算有多少，你有什么优势。

就像斯波朗迪在《专业投机原理》里面说的那样，情绪的纪律才是通向成功的第一道关卡。只有在自知和知彼的基础上，设定情绪的纪律，严格执行,时刻提醒牢记自己的弱点,才能让心态不断成熟,才能在市场中生存久一点。

赚“专注投资”的钱

交易界流传着一句话,“仓位决定心态”。可是在股市中,我要说“对公司的理解深度决定心态”。这句话不是说对公司理解错了也一定要死扛,而是强调在“吃透公司”上面下功夫,持股的信心和耐心就是来自于此。

记得有一位朋友说过:“我身边有许多高水准的专业人士,他们在各自的领域中都是佼佼者。然而,他们却在金融市场里屡屡败北。”究其因,其实就是败在一个“炒”字上。他们具有高学历和极高的专业素质,却未能抓住“股票的背后是企业”这一核心,他们败给了价格波动、败给了人性。国外知名车企的高级财务职员,投资了一个自己不了解的电力公司;一位医学博士却买了汽车企业的股票……很多这样的例子,正应了这么一句话:“人性会降低智商”。离开了自己的专长和能力圈,去押宝“莫须有”和“可能吧”就是赌。

在投资前,我们必须尽量了解这家企业,它增长的可持续性如何,资本回报的可持续性如何,进行这项投资是否明智,同时,把自己当成公司的管理层来考虑将怎样经营它,竞争对手是谁,客户是谁,走出门去并和他们交谈,分析你想投资的公司和其他公司相比,优势和弱点在哪里。巴菲特就是这样,他会拜访公司的管理层和主要客户,还会雇佣市场调查机构详细分析该公司的市场处境。只有与上市公司的经营层和一线员工保持一种良好的沟通,知道企业真实的运行状况,才能确保我们投资的安全。

人的能力和知识结构有限,人的精力也有限,把有限的精力集中在自己的能力圈之内,时间长了再逐步扩大自己的能力圈,拓展研究范围,这才是成长的捷径。慢就是快,这样看似很慢,其实放到漫长的投资生涯中来看,稳扎稳打,厚积薄发,才是笑到最后的明智做法。

赚“牢记错误”的钱

为什么要有好的心态,为什么要走“专注投资”的道路,那是因为我这些年在股市犯过太多的错误，受过太多的打击和教训。八年走来，无数次有过放弃股市的想法，那几年最艰难的日子里，我经常想干一份正常工作，一天就算挣几十块钱也好。更可怕的是，因为我的悟性很低，许多低级的错误我是一犯再犯，撞了南墙也不回头，比如频繁换股、过度交易、追涨杀跌。换了悟性高一点的人，可能错一段时间，发现自己不适合这个方式就会醒悟了，可是我却沉迷其中近五年！

没有痛彻心扉，何来痛定思痛！这几年来，我开始聚焦，回归自己的能力圈，不论是通信股还是军工北斗股，都是围绕我的专业和工作展开。紧密结合自己的专业知识和行业资源，把投资建立在分析公司内在价值的基础上，把注意力从对“市场波动”的关注转移到对“公司、行业基本面”的关注上。如此，心态稳定多了，情绪波动小多了，对公司的理解也逐步深刻了，是该持股还是等待，做决断的时候也会冷静很多。

第六节 投资需要逆向思维

股市有几句名言:人多的地方少去;大众恐惧和疯狂的时候,不能随大流;需要独立思考。其实这就是要我们考虑问题时多一份冷静,若能从反方向去思考就更好了,这就是逆向思考的艺术。逆向思维或者求异思维,是对司空见惯的似乎已成定论的事物或观点反过来思考的一种思维方式。人们习惯于沿着事物发展的正方向去思考问题并寻求解决办法,其实,对于某些问题,尤其是一些特殊问题,从结论往回推,倒过来思考,从求解回到已知条件,或许会使问题简单化。

标准答案会让人死得更快

中国台湾的郝广才先生在《标准答案死得快》里面讲的一个小故事挺有意思。二次大战时,美国军方委托著名的心理学家桂尔福研发一套心理测验,希望能用这套东西挑选出最优秀的人来担任飞行员。结果很惨,通过这套测试的飞行员,训练时成绩表现都很亮眼,可是一上战场,三两下就被击落,死亡率非常高。

桂尔福在检讨问题时,发现那些战绩辉煌、身经百战打不死的飞行员,多半是由退役的“老鸟”挑选出来的。他非常纳闷,为什么专业精密的心理测量,却比不上“老鸟”的直觉呢?其中的问题在哪儿?

桂尔福向一个老鸟请教,老鸟说:“是什么道理,我也说不清。不如你和我一起挑几个小子看看,如何?”

“能够这样是最好不过了。”

第一个年轻人推门进来,老鸟请他坐下。桂尔福在旁观察、记录。

“小伙子,如果德国人发现你的飞机,高射炮打上来,你怎么办?”老鸟发出第一个问题。

“把飞机飞到更高的高度。”

“你怎么知道的?”

“《作战手册》上写的,这是标准答案啊,对不?”

“正确,是标准答案。恭喜你,你可以走了。”

“长官,只有一个问题吗?没有其他要问的吗?”

“你没有问题了,接下来的问题是我们的。”

“是的,长官!”

第一个菜鸟走出去后,进来第二个菜鸟。他刚一坐下,老鸟问了同样的问题:

“小子,如果该死的德国佬发现你的飞机,高射炮打上来,你怎么办?”

“呃,找片云堆,躲进去。”

“是吗?如果没有云呢?”

“向下俯冲,跟他们拼了!”

“你找死啊?”

“那摇摆机身呢?”

“是你开飞机还是我开?书你都没看?”

“长官,你说的是《作战手册》吗?”

“对,难道叫你看《灵犬莱西》?”

“《作战手册》我有看,但太厚,有些记不清。长官,我爱开飞机,我要替美国开飞机。但读书对我像读食谱。”

“什么意思?”

“我煎蛋、煎牛排都行,我还会帮我老妈烤苹果派。但要我像食谱那样讲出一二三,我就搞不懂了。”

“好,你可以下去了。”

“长官,我是不是说错了什么?”

“菜鸟,现在不要问问题。”

等菜鸟走出门,老鸟转过身来问桂尔福:“教授,如果是你决定,你要挑哪一个?”

“嗯,我想听听你的意见。”

“我会把第一个刷掉,挑第二个。”老鸟说。

“为什么?”

“没错,第一个答的是标准答案,把飞机的高度拉高,让敌人的高射炮打不着你。但是,德国人是笨蛋吗?我们知道标准答案,他们不知道吗?所以德军一定故意在低的地方打一波,引诱你把飞机拉高,然后他真正的火网就在高处等着你。这样你不死,谁死?”

“噢,原来如此。”

“第二个家伙,虽然有点搞笑,但是,越是不按牌理出牌的小子,他的随机应变能力反而越好。碰到麻烦,他可以想出不同的方法来解决,方法越多,活命的机会就越大。像我这种真的打过很多仗没死的,心里最清楚,战场上发生的事,《作战手册》上都没有;只有一样跟书上写的相同。”

“哪一样?”

“葬礼。只有这一样跟书上写的一字不差。作战都靠背书,那你只能战死,找不到答案!”

桂尔福经此教训,重新改造他的测试。新的测试有“如果你有一块砖头,请说出五十种不同的用途”这类激发创意的问题,不但为美国选出了真正优秀的飞行员,也因此创造了“创意测试”,成为现代创意活动之父。

逆向投资

上面这个故事告诉我们,思考问题的时候,要敢于“反其道而思之”,让思维向对立面的方向发展,从问题的相反面深入进行探索,树立新思想,创立新形象。当大家都朝着一个固定的思维方向思考问题时,而你却独自朝相反的方向思索,这样的思维方式就叫逆向思维。逆向思维在投资中尤其重要,我们耳熟能详的很多投资大师都是逆向投资者,如安东尼·波顿、约翰·聂夫、彼得·林奇、约翰·邓普顿等。

古罗马诗人贺拉斯说过:“许多现在衰落的将会复兴,许多现在荣耀的将会衰落。”正因如此,敢于逆向而为者往往并非不识时务逆历史潮流而动,而恰恰是他们拥有洞悉事物发展兴衰规律背后蕴藏玄机的大智慧。

逆向思维在投资领域经过几十年的发展,已经形成了独立的投资理论,即逆向投资。逆向投资是运用价值投资的判断来避免市场情绪影响的一种投资原则,本质上是指在市场最危险、最恐慌的时候“反其道而行之”的投资逻辑。逆向投资策略就是利用其他投资者的错误来寻找利润区,寻找那些不被投资者关注而被低估的股票。

巴菲特那句几乎人尽皆知的名言“在别人贪婪时恐惧,在别人恐惧时贪婪”,早已成为逆向投资的经典阐释。他还说过:“当人们对一些大环境事件的忧虑升到最高点时,事实上也就是我们做成交易的时机。”在所罗门债券危机事件时力挽狂澜,在美国运通卡发生危机时亲自到餐厅观察后继续买入股票,以及次贷危机后买入金融资产等,都是巴菲特对逆向投资的身体力行和成功实践。价值投资从本质上看,就是逆向投资。纯价值投资或者说逆向投资,就像一把玄铁重剑,只有功力达到一定境界的高手才能运用自如,否则很可能不仅战胜不了对手,反而一不小心把自己砍伤。

全球著名的逆向投资大师安东尼·波顿最核心的投资策略就是以合适的价格买进那些复苏股或转机股。安东尼·波顿管理的富达特殊情况基金就是一个著名的逆向投资基金,该基金在2005年之前的26年,获得了每年20.4%的年复合收益率,同期每年超过基准金融时报指数6.5%。很多投资大师都有逆向投资的经典案例,如彼得·林奇就曾经在1982年购买了克莱斯勒公司。克莱斯勒从1982年到1987年上涨了50倍,而同期福特汽车上涨了17倍,而通用汽车才上涨了3倍。为什么?林奇认为克莱斯勒是一个困境反转的公司,曾经濒临破产的企业,当行业景气恢复的时候,克莱斯勒公司也是弹性最大,上涨幅度最快的。

戴维·德雷曼,美国知名价值型基金经理人,出版过《反向投资策略:市场胜利的心理学》和《反向投资策略:下一代,背离大众以跑赢大市》两本逆向投资著作的传奇逆向投资者,也曾这样说过:“我的头号投资选择是股票。人们现在所畏缩不敢投资的领域,作为反向投资者,我是很喜欢对其进行投资的。”

索罗斯更是语出惊人:“投资应选择两种目标:一是最好的公司;二是最差的公司。”他认为,一些行业中最差的公司,由于这类公司负债率高、经营不善,股价通常比较低,一旦业绩出现好转,会吸引市场资金的参与,反而容易获取超额收益。他最值得大家学习的投资经验正是从行业和政策的角度去挖掘这种逆向投资机会。如 1972 年,索罗斯瞄准了银行板块。当时银行业的信誉非常糟糕,管理非常落后,投资者中很少有人购买银行股票。索罗斯经过观察研究,发现从高等学府毕业的专业人才正成为新一代的银行家,他们正着手实行一系列的改革,银行盈利开始逐步上升,于是索罗斯果断地大量介入银行股票。一段时间以后,银行股票开始大幅上涨,索罗斯获得了 50% 的利润。

如何去实践逆向投资

A 股市场能不能做逆向投资呢?这些年比较流行的是成长股投资理论,投资者喜欢有长期核心竞争力的优质公司,享受公司业绩成长带来的股价增长。其实 A 股市场也有很多的逆向投资者,2011 年 A 股大跌,市场上的参与者大多数都很悲观,认为中国经济增速会下一个台阶,但是在这种悲观气氛最浓郁的 2011 年 12 月,有大量的国企、民营企业增持自己公司股票,上市公司高管也在增持自家股票,这种产业资本的行为就是典型的逆向投资。

在 A 股市场如果做逆向投资,收益也是非常可观的。2008 年的地产股在一路调控之下暴跌,香港市场的地产股跌幅更大,很多地产股的股价都在净资产之下。如果在 2008 年 4 万亿振兴计划推出来后买入地产股,持有至 2009 年 8 月,你将获得超过 200% 的收益,这期间上证指数上涨 100% 左右。如果你持有的是房地产股中那些资产负债率高,现金流差的公司,那么你的收益会有数倍之多。如果你逆向投资在 2008 年 10 月持有的是港股合生创展这个内房股,到 2009 年 10 月,你将获得近十倍的收益。

其实,不论国内还是国外,投资大家都是逆向投资的身体力行者。罗杰斯如是讲述自己对逆向投资的理解：被人嘲笑是成功的关键。假如周遭的人都劝你不要做某件事，甚至嘲笑你根本不该去做，就可以把这件事当作可能成功的指标。与众人反向而行是很需要勇气的。把握机遇的能力来自于平时的积累，要成功运用逆向投资法克敌制胜，投资者也需具备一些特有的素质，其中最为关键的就是能力、勇气和耐心。

首先，投资者应该对行业的基本面有充分的认识，并对其未来的发展趋势有深入的了解，这是你能做出正确投资抉择的基础。其次，要有敢于挑战惯性思维的勇气，在一些关键时点，做出与普通大众不同的投资抉择。最后，超乎常人的耐心也是不可或缺的，逆向投资需要我们坚决摒弃那些急功近利的心态，无论是等待合适的介入机会还是之后的否极泰来。

当然，逆向投资不是简单地跟大众反着干就行了。安东尼·波顿告诉我们，逆向投资最容易犯的一个错误就是买入过早——要有耐心。2008 年就有许多人犯了这样的错误。一定要记得，当股票价值在不断下跌的时候，前景总是看起来越来越悲观，而媒体报道出来的经济新闻也总是越来越悲观，在最低的时候，前景看起来总是最糟糕的。而股票市场是一个非常好的体现经济周期的指针，在光明之前它总是最黑暗的。

第七节 保存自己,消灭敌人

有一种胜利叫撤退

战争的首要原则就是保存自己,其次才是消灭敌人。《孙子兵法》中说:“昔之善战者,先为不可胜,以待敌之可胜。不可胜在己,可胜在敌。故善战者,能为不可胜,不能使敌之可胜。故曰:胜可知,而不可为。不可胜者,守也,可胜者,攻也。”这里阐述的基本原则就是首先保存自己,制造不被击败的条件,然后寻找对方的弱点和短处,把握有利时机,在主动有效的进攻中消灭敌人,即积极防御的战略思想。

敦刻尔克大撤退可谓历史上经典的保存实力的战例。撤退中,尽管英军失去了大量的装备和军需物资,但保留下一批经过战争考验的官兵,这些回到英国的官兵,绝大部分都成为日后反攻的骨干力量。敦刻尔克的战略性撤退使得英国保留了继续坚持战斗的最珍贵的有生力量。

敦刻尔克大撤退并不是一次战役,甚至可以说是在德军的穷追猛打之下被逼无奈的撤退。但正是英国的审时度势、当机立断,为盟军保存了日后反攻的主力,为将德意日法西斯最终送上断头台奠定了基础。或许敦刻尔克大撤退的决定刚刚做出的时候,会有大量的军人表示不解,甚至反对。在他们眼里,战斗,乃至是死亡,才是一名优秀军人的真正归宿。他们没有错,但有的时候，撤退却是为了更好地前进，为了取得更加辉煌的胜利。

保存实力是投资的第一要义

在投资这个战场也是一样，无论是在做决策之前，还是已经陷入不利境地，首要考虑的问题都是保本。正所谓“留得青山在，不怕没柴烧”，只有保存实力，才能有东山再起的机会。“第一是保本、第二是保本、第三还是保本”是巴菲特非常经典的一句名言，这句话揭示了投资的真谛。未赢先想输——如何保存实力才是投资的第一要义。下面我们一起欣赏《炒股的智慧》一书中的一个小故事。

从前，有人以偷为生。小偷的儿子有一天对爸爸说：“爸爸，我要像你一样以偷为生，你教我怎么偷东西吧！”小偷看着儿子那副尖嘴猴腮的模样，好逸恶劳的个性，心想若不学偷，这个孩子日后或许会饿死，便答应了。

一天晚上，小偷带着儿子到了一幢大房子前，在墙上挖个洞，爬进大房子。他们找到储存间，小偷便叫儿子进去找些值钱的东西。儿子一进去，小偷便在外面将储存间的门锁上，同时跑到天井大喊大叫，吵醒这家人，随即，小偷便从墙上的洞溜了出去。这家人知道遭了盗窃，全家都出来查看。当他们看到墙上的洞，便以为小偷已经溜走了。此时主人便叫佣人点上蜡烛到储存间看看不见了什么。小偷的儿子在储存间千万遍地咒骂他的爸爸，当他听到有人要到储存间查看，更是吓得腿都软了。但他没有什么办法，只好躲在储存间的门后。佣人一打开储存间的门，小偷的儿子冲出来，一口气吹熄蜡烛，推开佣人，拔腿就跑。这一家人便大呼小叫地在后面开始追。在逃跑的路上，他看到有口池塘，便拾起一块石头丢到池塘里，在这家人围在池塘边寻找小偷儿子“尸体”的时候，小偷的儿子已回到家里。

他正想指责爸爸的残忍，爸爸已先开口了：“儿子，告诉我你是怎么回来的？”听完儿子的故事，小偷说：“孩子，你已学会怎么偷东西了。”

上面的这个故事告诉我们，小偷的本事不在偷，而在于危急的时候怎么逃。保本、保存实力是如此重要，几十年来无数名家在这方面留下了很多的思想精华，现在我说得再多也是新瓶装旧酒，没有什么新意。我在这里仅分享两位我喜欢的投资者的思想精华，一位是著名的投资人斯波朗迪，一位是陈江挺。其实我的很多理念都有两位前辈的诸多印记。

阅读延伸：斯波朗迪——《专业投机原理》

斯波朗迪在《专业投机原理》一书中这样描述他的投资理念：“我的目标是，经年累月地稳定赚钱。首要任务是保障资本，其次追求一致性的回报，然后以一部分获利进行较有风险的交易（即追求卓越的回报）。”核心思想就是先求保本，再求稳定收益，最后追求超额利润。

保障资本

在我的事业经营哲学中，保障资本是最核心的原则。在任何潜在的市场活动中，风险是我考虑的最重要因素。在我问“可以实现的潜在利润如何”之前，我会先考虑“我所可能遭受的潜在亏损如何”。就风险/回报的角度思考，最大的可接受比率为1:3。如果市场的风险/回报情况很差，我就会持有现金，不论普遍看法如何。所以，我并不关心我的业绩是否可以“超越大盘指数或平均水平”。我追求的是绝对的回报，而不是相对的回报。

“我有没有赚钱?”这是投资者唯一的问题。为了确保这个问题有一个肯定的答案，你唯有在掌握明确的胜算——保持最低的风险时，才可以投机或投资。

一致性的获利能力

市场不会永远位于顶部或底部的附近。一般来说，在任何市场的多头行情顶部与空头行情底部之间，优秀的投机者应该可以掌握长期价格趋势（不论向上或向下）的60% ~80%。这段时期内，交易重点应该放在低风险的一致性获利。

一致性的获利能力是保障资本的辅助原则。如果资本要稳定增加,你必须要有一致性的获利能力。如果你要有一致性的获利能力,必须要保障你的获利,并尽可能降低损失。因此,你必须衡量每一项决策的风险与回报的关系,根据已经累积的获利或亏损评估风险,这样才能增加一致性的胜算。

追求卓越的回报

唯有当回报与风险之间存在合理的关系时,我才会以更大的风险追求更高的资本回报率。这并不意味着我改变风险/回报准则,我仅是增加头寸的规模。

"积极地承担风险":胜算站在我这边,我就会投入更多的资金。即使我的判断完全错误,我也不过损失先前的半数获利,我还有许多资金可以从事低风险的交易。

保障资本、一致性的获利能力以及追求卓越的回报,虽然这是三个比较简单的原则,如果你确实了解其中的精髓,它们将会指导你在市场中获利。然而,如果要实际地运用这些理念,你还需要更多的知识。

阅读延伸:陈江挺——《炒股的智慧》

你首先必须以保本为第一要务,在保本的基础上再考虑怎样赚钱。保本不是说保就能保得住的,除非你不涉足股市。只要你把资金投入股市,你就有亏本的可能。

保本

炒股是用钱赚钱的行业,一旦你的本金没有了,你就失业了。无论你明天见到多么好的机会,手头没有本金,你只能干着急。几乎所有的行家,他们炒股的建议都是尽量保住你的本金。而做到保本的办法只有两个：一是快速止损；二是别一次下注太多。

炒过股票的朋友都有这样的经历：亏小钱时割点肉容易，亏大钱时割肉就十分困难。这是人性的自然反应。在一项投资上亏太多钱的话，对你的自信心会有极大的打击。你如果有一定的炒股经历，必然同时拥有赚钱和亏钱的经验。赚钱时你有什么感觉？通常你会在内心指责自己为什么开始的时候不多买一些，下次碰到“应该会赚大钱”的机会，你自然就会下大注。这是极度危险的。在炒股这一行，没有什么是百分之百的。如果第一手进货太多，一旦股票下跌，噩梦就开始了。每天下跌，你希望这是最后一天；有时小小的反弹，你就把它看成大起的前兆；很快这只股票可能跌得更低，你的心又往下沉。你会失去理性判断的能力。人性共通，我算是这些经历的过来人，其痛深切。

把“保本”这个概念牢牢地记在心里，你在炒股时每次犯错，你的体会就会深一层，时间一久，你就知道该怎样做了。

不断盈利

读者或许会嘲笑我起了这样的题目，炒股如果不是为了盈利，炒股干什么？难道吃饱了撑的不成？但你注意到“盈利”二字前是什么？是“不断”。在股票市场偶尔赚点钱不难，只要你运气好就可以了。难的是“不断”二字。有多少次你听到朋友说：“我今年不错，股票大市跌了20%，我只亏10%，我战胜了股市！”真的吗？任何专业的炒手，唯一该问的问题应该是“我今年挣了多少”。有谁听说过服装店老板说自己较隔壁店少亏钱而扬扬自得的吗？但我常听到炒股的人居然会为亏钱而自豪！这其实便是炒股艰难的地方。看不见、摸不着的股票使一般人的判断力走了样。

要想在股市不断赚钱，除了知识和经验之外，就是必须忍耐，等待赚钱的时机。问问一般的股民，他们入市资金有多少买了股票？

有多少是现金？你会很惊奇地发现，一般股民几乎把入市资金全部买了股票。不管是牛市还是熊市时，他们都是这样。这些人有一个共同的想法："我的钱是用来赚钱的"。读者们若有机会到赌场看看，就明白股民们为什么会这样做。赌客们站在赌台旁，一注都不肯放过，生怕下一手就是自己赢钱的机会，直到输完才会收手。你要明白一点：股市有时是完全无序的，你根本就不知道股票下一步会怎样运动。就像你的女朋友生气时一样，你不知她在想什么，不知她要干什么，这时最佳的方法就是别惹她。在股票市场，就是别碰这样的股票。

股票在大多时间是理性的，有规律的。虽然每只股票的个性都不一样，但大同小异，你需要不断研究，不断观察，等你的经验积累到一定地步，就知道怎样顺势而行。等待、忍耐、观察，只有在股票的运动符合你的入场条件时才入场。只有这样，你才能够确定你入场的获胜概率大过50%。在这基础上，不断盈利才有可能。当然，千万别忘了保本。

赚大钱

炒过股的朋友，你赚过5元的股票升到15元吗？这样的机会多不多？但你抓到过多少？你是不是常常过早离场？使你过早离场的主要原因有两个：一、人好小便宜；二、不够经验判断股票运行是否正常。得到便宜是很愉快的，每次卖掉赚钱的股票你都觉得自己是炒股天才，想上酒店庆贺一番。你总是试图重复这类愉快的经验，所以我们看到新手赚钱时通常只赚小钱。

第八节　天道酬勤，投资的秘密

大师眼中投资的秘密

投资有什么秘密吗？投资成功的必备要素是什么？在对这个问题的公开讨论中，可谓仁者见仁，智者见智。有没有共通的成功秘密呢？据我的股票投资经验，答案是有，我将投资成功的秘密简单地概括为四个要素——资金、眼光、耐心和运气。其实这四个要素源自德国投资家安德烈·科斯托拉尼。

科斯托拉尼，德国最负盛名的投资大师，在德国投资界的地位有如巴菲特之于美国。科斯托拉尼少年时即被父亲送到巴黎学习股票投资技巧，在股海纵横70余年，业绩骄人。通过各种金融投资所获得的财富使得他在35岁时就可以过上帝王般的退休生活。科斯托拉尼被称为“二十世纪的股票见证人”和“本世纪金融史上最成功的投资者之一”。他在《大投机家》中提到了投资的四个要素，“要成为一个好的投资者或投机者，需要具备资金、思想、耐心和运气四个因素”。只有具备了严谨的资金管理方式、正确的投资思想和甘于寂寞的耐心，才能有好的运气光顾，运气往往偏爱最努力的人，而不是最聪明的人。如果想生存久一点，或者立志成为一名“成功的投资者”，那么就必须废寝忘食地学习和实践。

巨大的知识量的积累是不可或缺的。有些朋友在股市捞了几个钱就轻率地认为做股票赚钱很容易，我可以很坦诚地告诉你，这绝对是错觉，这只是你作为一个初学者的运气，这是股市暂时借给你的，很快会收回去的，除非你踏踏实实地努力钻研，走上正确的投资道路。

华尔街最勤奋的兔子——彼得·林奇

林奇走访的公司每月有 40 到 50 家，一年五六百家，这是《新金融大亨》的作者约翰·雷恩的调查结果。《战胜华尔街》一书中，林奇 1982 年在回答电视台主持人什么是他“成功的秘密”时说，“我每年要访问 200 家以上的公司和阅读 700 份年度报告”。不管怎样，数量够惊人的。林奇不仅调研美国的上市公司，而且还到海外去寻找好股票，他曾坦承，“除了约翰·坦普，我是第一个重仓持有国外股票的国内基金经理”。在 1985 年 9 月中旬的一次国际调研活动中，林奇花了 3 周时间调研了 23 家上市公司，收获颇大。他在瑞典去了该国最大的公司沃尔沃，而瑞典唯一的一个研究沃尔沃汽车的分析员竟然没有去过该公司。当时，沃尔沃的股价是 4 美元，而沃尔沃每股现金已高达 4 美元。林奇的妻子卡罗琳也到了欧洲，但他俩却不能同去威尼斯，因为那儿找不到一家值得拜访的上市公司。林奇的痴迷劲儿可想而知。

结婚 20 年，林奇只度过两个专门假期，他曾对约翰·雷恩回忆是如何度假的，“我去日本，花了五天的时间考察公司，在香港见到卡罗琳，于是我们在中国逗留了两三天，然后我考察曼谷的公司，又在曼谷观光，接着我飞往英格兰，在那里考察了三四天的公司。那是一段美好的时光”。卡罗琳肯定不会认为那是“一段美好的时光”。也许他们有契约吧，1990 年中，林奇告别了麦哲伦基金，解甲归田。

彼得·林奇的故事告诉我们，从不断的努力中创造运气，从连续的运气中积累成功。只有不断努力，有了一套自己的投资规则，严格按照规则办事，不断总结失败的经验教训，才有可能将股市里赚到的钱留下来，通过股市积累一笔可观的财富。否则，绝对是宝马车进去，自行车出来。

有些朋友非要教条式地区分投资和投机，我曾经看过国外一位著名投资人的一段话，大概对这些人会有些帮助。“我年轻时人们称我是投机客，赚了些钱后人们称我是投资专家,再后来敬重我是银行家,今天我被称为慈善家。但这几十年来,我从头到尾做的是同样的事。”只有努力提高对市场的认识,努力克服自身的诸多弱点,多年的积累之后,才能够有所成就。

运气来自哪里

霍华德·马克斯阐释了运气在投资中的重要作用,成功从来都不是偶然的,意外、运气和随机性从来都不能造就成功,只有规划、策略和完美的逻辑才是通向成功之路。成功的原因有很多,毫无疑问,艰苦的工作、计划和坚持是不断成功的关键。但缺少运气的话,即使是工作最努力的工人,甚至最好的决策者都将无法持续地获得成功。

《笑傲股市》的作者威廉·欧奈尔说过:只要下功夫去学习研究,你就会得到很多准确可行的准则、原则和计划。靠运气是不行的,重要的是毅力和努力工作。你不能期待每天晚上看看电视、喝喝啤酒,或是和朋友开开派对,就可以得到像股票市场或美国经济这类复杂问题的解答。在美国,只要下功夫学习,任何人都能成就一番事业。如果你觉得沮丧,请不要放弃。回头更努力地付出劳动。将朝九晚五、从周一到周五以外的时间拿来学习研究,最终会决定你是让自己走向成功、实现目标,还是让真正的大好机会从手中溜走。

与其说“你创造了自己的运气”,不如说,“运气是良好的准备和机遇的结合”。如果你通过学习和实践做了充足的准备,并且努力工作,勇于承担责任,你在机遇来临时就会把自己的才能发挥到极致。这种世界观和我的投资理念是相吻合的:一旦现有的投资组合遇到催化剂事件就会有业绩反映出来。

除了有形的汗水付出,我们还要坚持为自己打造一副坚强的内心之盾,这是支撑我们前行的无形力量。股市是很艰难的行当,没有强大的内心,就很难在投资市场存活。其实这个道理在各行各业都是相同的,就是要有锲而不舍的精神。但人生总会有困境,股市中的逆境我们该如何面对?

阅读延伸：胜利属于那些有耐心的人

在我炒股的这么多年中，经过许许多多的不眠之夜。我的最高纪录是一天亏掉5万美元。5万美元对有钱人来说是小数目，但那时这是我全部资产的一半，相当于当时我妻子两年的工资，而且其中很多是我在餐馆端盘子洗碟子赚来的血汗钱！我今天还能感到当时痛苦到麻木的感觉，随后两星期连饭都吃不下。最痛苦的不是亏钱的数目，钱亏掉不可怕，可怕的是不知有无本事再赚回来！我不断问自己：这个行业适合我吗？我知道大学熬四年能毕业，其他行业也有学徒出师的时候，但股票大学的毕业期何在？像这样每天工作十小时，不仅今天没有工资，也不知道以后会不会有报酬的日子到底要熬多久？我有没有毕业的可能？我是穷人家的孩子，过的是现挣现吃、手停口停的生活，多年省吃俭用的储蓄一天天地减少，这日子有熬出头的一天吗？放弃的念头始终围绕着我。就算到餐馆做跑堂，一天也总能挣上几十块钱。读者可以想象我当时的绝望。当然，我如果当时真放弃了，读者也看不到这本书。

五年过去了，回首往事，有时自己都为自己的韧性感到骄傲。我要与读者们分享希尔在他的不朽名著《思考致富》中的一句话："当财富来到的时候，它将来得如此急，如此快，使人奇怪在那艰难的岁月，这些财富都躲到哪里去了？"我的生活经验证明这句话确实无误。这句话和孟夫子的名言"天将降大任于斯人也，必先苦其心智，劳其筋骨，饿其体肤……"有异曲同工之处。

——摘自《炒股的智慧》

上面的两段话我不知看了多少遍。每当我在股市遇挫的时候，坚持不下去的时候，我都会翻开默默读上几遍，每一次都激励我跌倒后再爬起来，继续往前走。

第九节　投研心得：专注和努力最重要

有人会问，企业基本面研究是不是只有专业的投资机构才需要？如果把自己的投资体系建立在企业价值和基本面的基础之上，那么企业和行业的情况就必须研究清楚，赚自己能力圈范围内的钱。不论是自下往上，还是自上而下，都离不开企业所处的行业环境这一关。

行业研究中，方法、流程、工具固然重要，但都抵不上对一个行业的专注。这就是为什么很多做过实业的朋友，甚至不需要严谨的推理和分析，仅凭经验，对行业的趋势判断往往比券商研究员还准确，因为他们几年、十几年，甚至几十年就泡在这个行业里面，对行业的趋势自然是有“第六感”的。

券商研究所做研究的时候按照行业进行划分，每个行业研究员负责自己的领域。一般要求行业研究员具备相关的产业背景，不然，一个学化工的去研究电子就有点费力。但是，在对某一个行业研究几年之后，可以围绕该行业的产业链逐步往上下游拓展能力圈，是一个“先专后范，由点及面”的过程。

对于大多数人而言，对于应该专注哪个行业的问题，我的理解是：只要自己感兴趣就可以。选择一个自己感兴趣的行业，有了兴趣，然后经过常年的专注，逐渐就会有积累，就会对这个行业理解得更深刻。下面谈谈我对股票投研的几点体会。

做研究没有捷径,"专注+时间+方法"是关键

行业研究没有速成的捷径,唯有掌握正确的方法加上专注,才能使你真正深刻理解某一个行业。他人的研究方法、思路与框架能够缩短你研究的路程,但他人的经验与方法并无法让你快速了解一个行业,因为真正了解一个行业,只有长期专注进行深入研究才能做到。

很多做实业的朋友,虽然无法很专业地表述行业研究中的一些专业名词和财务术语,但对行业发展中关键因素及未来发展趋势把握要比做行业研究的人透彻很多,因为企业家十年乃至几十年专注一个行业。因此,我们要深入了解一个行业,掌握正确的研究方法加上专注才是关键。

2009 年以来,我聚焦军工电子方面的研究和投资,严格把自己的投资和研究限定在自己熟悉的电子通信和军工领域,在这个坚持的过程中体会到了专注的甜头,体会到了"知识的复利"带来的红利,除了收获物质回报、精神回报之外,还结识了大批的产业界专业人士和企业家,向他们学到了更多的行业知识。研究军工电子五年来,我跑了多少家上市公司,进行了多少次调研,参加了多少场产业论坛,已然记不清楚了,总结起来就是:累并快乐着。研究没有捷径可走,唯有汗水和努力才能铺就成长的轨道。

研究需要"微观+宏观"

做行业基本面研究,简单来讲就是对某一个特定行业及行业内聚合的企业进行深入研究,包括行业发展历史、现状、规模结构、竞争格局、未来趋势及综合信息等,为企业自身或行业投资者提供重要的参考依据。每个产业或行业都只是国民经济的一个链条而已,通过弄清楚你所研究的行业在经济结构中的位置,就很容易理解宏观经济变动对该行业的影响。

在行业研究方面我有个"望远镜理论",即要用望远镜看产业大方向,方不至于一叶障目不见泰山。在把握宏观大格局之下,要回归到各个细分子

行业及企业层面,即研究具体的企业,在研究一批企业后,提炼出企业所具备的共性东西。因此,只注重行业层面没有深入企业和仅深入企业没有行业层面的升华,都是无法真正做好行业研究的。

以2013年之后的军工行业为例,内部:随着十八届三中全会的召开,或者更早一两年的时间区间内,军工股的行业基本面已经迎来了巨大的变化;外部:美军“亚太再平衡”战略的不可逆转性,一起构成了军工股长牛行情的基础。很多人看不到这一点,因此看不到军工股的大方向,投资军工股就存在短视现象、浮躁心理。

能力圈可以逐步拓展,专业不是壁垒

研究不同行业虽然有不同内容,但是从研究方法与规律来看有共同点,也就是说行业研究是相通的。很多人把其专业背景作为行业研究的壁垒来看,其实不完全是这样。虽然具有某行业专业背景能够帮助你很快了解该行业,但专业背景并不是行业研究的绝对壁垒。

目前壁垒相对较高的行业如医药、TMT、军工、能源等,需要一定的专业知识背景,但也可以通过后续的学习来弥补知识欠缺。因此,只要我们掌握了行业研究的基本规律与方法,任何行业都是可以通过时间和努力去研究与掌握的。研究所的行业研究员在几年的扎实研究之后,都会拓展自己的能力圈,围绕产业链上下游进行相关的拓展。

我的研究体系中除了军工电子之外,在未来也会向医药大消费板块拓展。世界资本市场几十年来的走势一再证明,这是大牛股辈出的行业,因为消费领域的市场是无限大的,即使是不景气的日本股市里,医药消费领域也是出了很多牛股,长期领涨股市,港股和美股更是如此。

随着中国人口老龄化,医药行业的机遇是前所未有的。和军工行业不同的是,这是典型的“大市场,小公司”的行业,就算大市值的恒瑞医药,市值也不超过千亿,和国外巨头动辄万亿的大型医药公司相比,还差很多,成长的空间还很大。虽然大家都在怀疑中国的医药公司到底能不能长大,但毋庸置疑,中国在该领域一定也会有跨国公司,特别是随着生物医药时代的来临,我们很多科研和技术也都慢慢和国际水平靠拢。

特别是有中国特色的优质中药股，如云南白药、天士力、同仁堂等，都是未来大周期成长性非常明确的品种。牛奶、保健品、酒类和家电类大众消费行业的机会也是非常确定的，这些年诞生了一大批优秀的成长型企业，伊利、汤臣倍健、茅台和格力都是最优秀的代表，这受益于国民生活质量的提高和消费需求的升级。

投研需要的基本功

• 整理分析

资料搜集完成后，重要的是对资料进行整理和分析。按照我们自己的行业分析框架思路进行资料整理与分析，这是一个烦琐和需要耐心的环节，也是需要长期坚持做的事情，做好了，形成了好的习惯，就会长期受益。最终通过分析，形成对该行业的认识。

• 逻辑思考

逻辑是行业研究的灵魂和核心，行业研究就是通过行业在过去与现在的各种表现去合理推测其未来发展走势。推测准确与否，重要的就是分析的逻辑是否正确与合理，因此建立行业研究的逻辑思维十分必要。同时，独立思考也是行业研究中的重要灵魂，人云亦云无法达到行业研究的目标，必须通过观察、分析、独立思考出来的才靠谱，往往正确的结论与见解掌握在少数人手里。在行业研究中，我们需要培养独立思考的习惯。

• 细节钻研

有人讲过，只要我们专注于做一件事情 1 万小时以上，必定能成为这方面的专家。行业研究需要我们沉下心来，钻研进去，才能真正掌握行业研究的精髓。细节往往是决定成败的关键，问题的关键点也往往在细节处。在行业研究过程中，有大局观固然重要，但同时要时刻注意细节，通过细节去发现和判断发展趋势。

• 沟通交流

行业研究在某些程度上就是解决双方信息不对称的问题。信息不对称主要是通过收集二手信息和一手信息去解决，二手信息经过别人加工，可能存在信息失真的情况，往往一手信息更靠谱。一手信息需要通过实地调研，对当事人与相关机构进行访谈是重要途径，这就需要我们去和相关当事人沟通，学会向当事人问问题，在沟通过程中发现的问题是非常重要的。

第十节 借历史经验，铸全球视野

视野决定成就

一个人的成功和他视野的宽度、深度和维度紧密相关，尤其是历史和哲学的视野。跳出当前的走势，学习历史，才会使自己超越迷茫，看到以前自己没法看到的风景。西方股市有几百年历史，股票市场和企业内在发展规律都是相同的，不同的是经济运行环境和企业的具体情况。找出这些规律，就可以根据具体情况对股票做出正确的判断。

如果你观察价格运动的视野局限于分时图和日 K 线，你的成就也就止于此地。视野大一些的看到了月线和季线，也算是了不起了。但是，如果你熟悉近几十年的经济历史，熟悉这之间不同标的的价格运动起伏和发生的背景，那么你的视野就会将你带到一个 K 线交易者无法企及的高度。投资就像埃及的金字塔一样古老，研究前人的历程具备极大的价值。研究股市如斯，研究人性的弱点如斯，研究具体的行业和企业更如斯，一定要有历史的经验、全球的视野，才能更深、更广！

历史中蕴藏着大智慧

在产业基本面研究中，我最感兴趣的是行业的发展规律。找出西方行业的发展轨迹,对推断中国企业的发展方向有很强的指导意义。例如,研究苏宁连锁模式之时,先研究百思卖的发展历程,有很强的参考价值。研究战后世界军事装备业,尤其是美国的军工行业历史,能让我们拥有一个长期的视角。国情不同,经济发展阶段也不同,但很多细节只要我们仔细分析,就能做出正确推断。

历史可以给人智慧。我们可以研究世界网络神话,研究美国生物技术狂潮,研究美国70年代大熊市,研究日本80年代狂牛和90年代超级熊市,研究中国1996年波澜壮阔的大牛市,研究“漂亮五十”成分股;也可以研究巴菲特,研究林奇,甚至研究索罗斯的失败;还可以研究个股历史数据,万科1995年的狂跌和随后的疯涨,可口可乐的百年史,银广夏、亿安科技、蓝田股份……博古通今,洋为中用,历史在不断的演变中总会给予我们很多启迪。投资如何才能将风险降到最低?利用你能得到的一切资源为投资服务!那么,我们能拥有的资源来自哪里?——历史和哲学的视野。

历史让我们有一个很宽的视角,让我们可以很清楚地把握行业演变规律。当我们讨论目前几年军工股的行情时,当我们讨论全球军事和军工产业时,美国是一个永远绕不开的话题。美国的军事发展特点和军工企业的发展历程都给我们提供了很好的参考对象。

美国军工行业的历史

美国是当今世界第一大军事强国,长期掌握全球军事主导权,其强大的经济实力和军事实力相辅相成,共同催生了庞大的军事工业。美国拥有全球最先进的军事科研和制造技术,坦克、战机、舰艇、导弹等各方面的经典产品琳琅满目,常年在核武器、指控系统、电子战、航天科技领域遥遥领先。经过几十年的整合,美国军工行业集中度已经达到非常高的水平,形成了洛马、波音、诺格、雷神、通用动力、联合技术等寡头军工企业垄断竞争的格局。这些军工集团基本垄断了美国国防部的一级承包项目,收入和市值均达到了数百亿美元。在美国军工产业快速发展的同时,其军工技术也大量应用于民用领域,如波音公司成功将军用飞机发动机等技术应用于民航飞机之中,成为全球民航飞机市场的双寡头之一。

18 世纪末至今，美国军工产业经历了四个阶段的发展：诞生后的成长阶段、两次世界大战间的快速发展阶段、冷战期间的持续扩张阶段、冷战后的转型阶段，其中后三个阶段都发生在 20 世纪。

19 世纪中后期开始，美国开始大规模地进行武装力量特别是海军建设，从而形成最初的军工产业。争夺殖民地的战争及工业革命促进了近代军工产业的诞生和成长。20 世纪上半叶爆发的两次世界大战，美国大量的民用公司参与军工生产。同时，大企业财团开始参与军工制造，新的武器装备和军事技术不断涌现，新的产业不断加入到军工产业，两次世界大战推动了军工产业迅速发展。

冷战时期，尖端军工武器不断涌现，高性能、高产出成为考核军工产品的第一要素，成本成为次要因素，因此各国长期保持高额的国防预算，支撑了庞大的军工市场，军工产业以专业化的方式快速发展，军品贸易在全球经贸中占有重要地位。此时，军工企业被大型财团控制，企业规模开始急剧扩张。冷战结束后军工产业进入转型期。由于国际局势缓和，各国开始缩减军费开支，美国军工企业开始大规模的收购兼并浪潮，行业集中度开始急剧上升。

美国军工行业大规模并购重组浪潮从 20 世纪 90 年代初开始，如马丁公司先后收购 GE 宇航和洛克希德公司，然后共同组建洛克希德马丁公司，随之，洛马公司又收购了通用动力的军机分部和劳拉防务公司，而此前劳拉公司已经收购了 LTV 的导弹分部、IBM 系统公司和尤尼西斯国防公司。波音公司先后收购了罗克韦尔国防公司和麦道公司。雷神公司先后收购了 E 系统公司、休斯飞机公司和德州仪器军工分部。诺思罗普先后收购了格鲁曼公司、西屋国防电子公司，组成了当前的诺斯罗普·格鲁曼公司。

在这一系列兼并过程中，部分兼业企业退出或者出售其军工业务，大型专业化军工公司则在国防部主导下实现重组，美国军工行业的市场集中度快速提升。军工产业的集中度快速提升，有利于集中研发力量和技术资源，避免项目的重复建设，在节约生产成本的同时能够大幅提升美国军工产品的国际竞争力，这也直接推动美国军工产品的大规模出口。在军工行业这一历史背景下，即使美国军费开支大幅收缩的状态下，美国前六大军工集团仍然依靠兼并收购在这段时期实现了营收规模的快速增长。

A 股军工研究:比较与借鉴

和美国相比,中国军工产业在研发、制造、工艺等方面仍处于起步阶段。中国军工产业长期在计划经济体制下运行,和美国军事工业在组织结构上具有非常大的区别,因此 A 股军工行业的投资逻辑和美国市场有很大的不同。然而,中国军工行业正迎来历史性变革,这一变革不仅体现在武器装备投入上,同时也体现在军品类资产注入的持续大力推进,以及军队体制编制、军品定价机制、军工科研院所改制等方面。在当前军事领域重大变革的时间点,研究美国军工行业的历史和发展经验,对我们分析和理解 A 股军工股具有重要的参考意义。

A 股军工行业,过去被定义为“垃圾股”“概念炒作”,那是因为军工行业尚未达到规模经济拐点。从 1978 年开始,基本上是 30 年的和平期,军工领域研发大量投入后,生产出来的产品也就是十几架飞机、两三艘船,连研发成本都无法覆盖,军工企业的利润从何而来?但是现在国际国内形势都发生了变化,十八届三中全会决定成立国家安全委员会,军工行业将迎来巨大的发展。以前我们不能大批量生产,现在飞机的生产直接就是几十、上百架,这种订单的出现,意味着军工行业和军工企业接近或者已经到达了规模经济拐点。

1999 年,国家开始在军工行业加大研发投入,中国军工行业由此迈入第二个发展周期。这一研发周期大致需要 10 年,而目前我们已经经历了 10 ~ 15 年,随着研发的产业化,小试甚至中试已经完成。至此,整个军工行业已经到了从中试向大规模生产转换的拐点,这是军工行业和军工股投资的基础。

10 年前,有色金属、煤炭股基本都是“垃圾股”,但 2006 年以后,这些股票都变成了绩优股,而且业绩成长速度令人难以置信。目前,军工行业除了个别企业以外,绝大部分都是“垃圾股”,概念性炒作,但它与 10 年前的有色金属、煤炭是同样的发展方向。也就是说,10 年以后的军工行业,将会像 2006 年以后的有色金属、煤炭一样,出现很多绩优股和蓝筹股。同样,美国重返亚太战略的不可逆转性，也决定了中国军工行业未来几年的辉煌。

国际国内形势，包括我国经济转型的现状，决定了军工行业是中国未来数年少有的产能严重不足的行业之一。军工行业没有过剩产能需要消化，其未来10年产能扩张速度甚至有可能超过过去10年房地产行业的产能扩张速度。

军品总装业务允许进入上市公司保证了军工股未来的蓝筹股属性。过去军民两条线，不允许核心的军品总装业务进入上市公司，所以军工行业的牛市不一定能惠及军工上市公司。而现在中国军品总装资产注入上市公司的步子已经迈开，从而保证了军工行业的牛市可以传导到军工上市公司。另一方面，军工科研院所资产允许进入上市公司保证了军工牛市的可持续性。如果没有军工科研院所进一步的注入，没有进一步的研发以及新增的利润点，军工牛市是不可能持续的。军工行业未来的10年，从产能方面看，与过去10年的房地产行业相似，从股市表现特征方面看，与2007年以前的有色金属、煤炭行业相似。未来10年，军工行业将迎来黄金发展时期。

Chapter Two

第二章

选股："望远镜"和"显微镜"下的二维世界

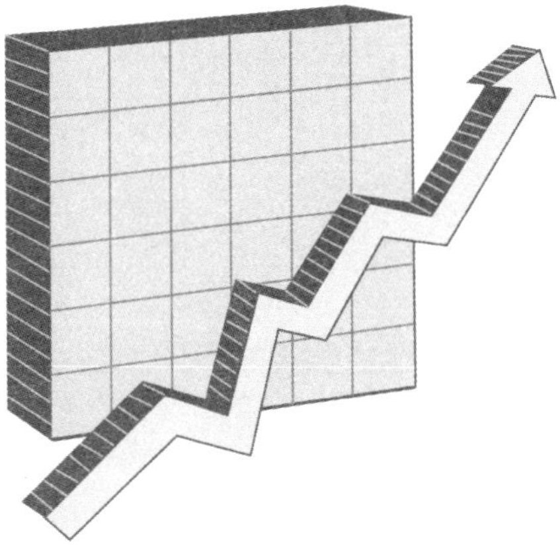

第一节　"望远镜"和"显微镜"

我投资体系的核心方法就是"望远镜"和"显微镜"，可以用一句话概括：用"望远镜"看战略，观行业，看产业大方向，避免一叶障目不见泰山；用"显微镜"看战术，筛企业，看核心竞争力，拥抱皇冠上的明珠企业。从确定性、成长性和简单性三个角度定义"望远镜"的标准，从逻辑确定、业务稀缺和公司进取三个方面界定"显微镜"的标准。

"望远镜"看行业的三个标准

● 行业的确定性

行业的确定性是首先要搞清楚的问题，这是从产业的角度，在"大趋势""大方向"上的确定性。行业的确定性逻辑在哪里？是否能够得到产业发展的验证？是国家大力主导的还是社会大众的自发选择？就像军工产业的最大确定性在于政府对军事和军工的态度转变，医药大消费的确定性在于"人口老龄化"和"消费升级"。

● 行业的成长性

行业要有长期的向上的发展大趋势，如朝阳行业以及和生活紧密相关的行业具备巨大的成长因子。军工股"内生性"和"外延式"的驱动因素有很多，而医药大消费行业更多的是市场占有率扩张下的内生性增长。

• 行业的简单性

“简单”不是说不用动脑子、不用做功课、不用做调研就可以解决投资问题，而是说要能够在能力圈内理解该行业。面对不懂的产业，再好的企业也不是你的菜。投钱下去，却看不懂公司的业务、行业的趋势，你能够睡得着觉吗？能够安心吗？我在军工电子相关产业工作十几年，对于这个领域稍微熟悉一些，研究起来可能就会好一些，但对于医药大消费，选择业务简单的公司，长期跟踪也可以做到“简单”一点。

总之，不懂不做，不熟不做，专注自己能够理解的能力圈，经年累月总会逐渐加深理解。

“显微镜”看企业的三个标准

• 逻辑确定：能不能看清未来三年公司的成长路径和发展逻辑

从微观的角度看一个公司，确定性来自于对公司成长路径和发展逻辑的深刻理解，检验的标准就是：企业能不能清晰地描绘未来三年的发展路径？靠什么业务布局支撑三年的发展，靠什么优势维持三年的竞争优势？产业大环境三年之内有没有背景支撑？未来三年的营业收入、利润趋势、资产质量、竞争对手变化能不能把握？这些基本问题搞不清楚，就谈不上对该企业的“确定性”有理解。

• 业务稀缺：公司的业务有没有稀缺性、垄断性和独特优势

如果一个公司的业务连稀缺性、垄断性和细分的竞争优势都没有，还处在恶性竞争的海洋中，为生存问题而奔波，那么这个公司就应该被直接放弃。业务稀缺性的实质是衡量公司的核心竞争力，也是公司的护城河。首先，公司有没有护城河；其次，这个护城河能够维持多久？如果能够维持三年以上，那么就值得关注和跟踪。在A股市场，能够分享一个企业三年的护城河带来的红利，已经是难能可贵。能够成长为伟大的企业，长期拥有垄断优势的企业可遇不可求。我们只关注能够把握的高速成长期带来的机会，成熟之后的护城河就缺乏吸引力了。

- **公司进取：掌舵人是不是始终专注于自己的事业**

做事先看人，人不可信，业务再好也不关注，这里指的是民营创业公司，国企央企不在这个范围。公司管理层的决心、素质和能力十分重要，尤其是创业型的民营企业。A 股市场，优秀成长股往往都是由第一代创业型民企老板来管理，团队积极进取，有远大抱负。成熟经济体国家的股市基本上都强调职业经理人团队的管理。但中国目前处于增长方式改变、产业结构转型甚至商业规则颠覆的充满变化的时代，此发展阶段决定了企业的成长更需要老板的企业家精神、创新拼搏精神和资源整合能力。

宏观和微观相结合

"望远镜"和"显微镜"下的投资体系，其实也就是宏观和微观、战术和战略两个层面的问题。比如对于军工产业，用全球的视野、借美国军工股的历史经验来研判，其投资逻辑就是借助望远镜看产业的大方向。不仅仅是军工产业，在分析其他行业时，借鉴美国相应发展阶段的特点、用"望远镜"和"显微镜"来衡量，也有重要的参考意义。

比如，我国目前的发展水平和美国二十世纪八九十年代相近，我们就可以研究美国过去二十几年的行业演变，并对处于这一个阶段、能够超越其他行业发展速度的行业进行投资。如现阶段受益于中国老龄化进程的医药医疗产业及医疗信息化产业，与国家产业结构调整相适应的装备制造业、环保和文化等行业，这些行业也是美国过去二三十年回报率最高的行业。

在具体公司选择上必须用"显微镜"把关之后才能进行投资。比如说银行业，中国银行业目前的情况与 20 世纪六七十年代的西方国家很类似，他们当时也存在存款利率管制，稳定的利差使银行家们过着舒适的生活。但从 70 年代末、80 年代初放宽利率管制开始，利率开始市场化，利差缩减使银行面临的经营压力增大。再加上，随着证券市场的逐渐发展壮大，直接融资的比例不断扩大，出现"资金脱媒"的趋势，在双重压力下，银行只有转型，改变原来的盈利结构才能够存活下来。一些银行没有意识到转型的大势，仍按原来的模式经营和发展，导致后来的经营惨淡，股价大跌，给投资者造成极大的损失。据成功转型的银行经验来看,扩大非利息收入,减少对息差依赖是最重要的转型方向,这就为我们在国内进行银行业的投资提供了重要的参考依据。

第二节　周期与竞争:“望远镜”看行业(上)

了解事物,要从事物根源开始。同样的道理,研究行业一定要知道该行业产生的渊源,是为满足社会哪一方面的需求而生,经历了哪些阶段,行业供需发生了哪些变化。有些行业我们需要从全球视角去看,如一些行业在国外已经很成熟了,国内刚刚开始引入,我们就可以对该行业的国外发展与国内发展做对比分析,研究其演变轨迹。

除了弄清楚行业生命周期之外,行业的竞争状态研究也是必须做的功课。竞争是企业发展的永恒主题,通过竞争推动技术进步、市场细分,使产业进步与发展。这是研究产业和行业十分重要和基础的问题。连行业的竞争格局都没有搞明白,何来对行业研究?下面就聊聊行业的生命周期和竞争格局的问题。

行业处于什么样的生命周期

行业周期是对行业历史研究的总结性判断,行业周期一般可以分为经济周期与生命周期两类。经济周期主要研究行业周期性波动与国民经济波动的密切程度,行业的经济周期一般分为三类:

增长型行业:行业的运行状态与经济活动总水平的周期及波动并不密切相关,这些行业的增长主要依靠技术进步、新产品推出及更加优质的服务产生等，从而使该行业呈现持续的增长态势，如互联网行业从诞生之日起基本保持着稳定的增长态势。

防御型行业：这类行业的主要特点是产品需求相对稳定，需求弹性小，经济周期处于衰退阶段对这种行业的影响也较小。如医药、日常消费品等行业都属于防御型行业。

周期型行业：周期型行业的运动状态与经济周期密切相关，这些行业往往属于传统行业。当经济运行上升时，人们对这些行业相关产品的购买相应增加。如电力、煤炭、钢材、水泥等行业都属于周期型行业，与国民经济周期直接相关。

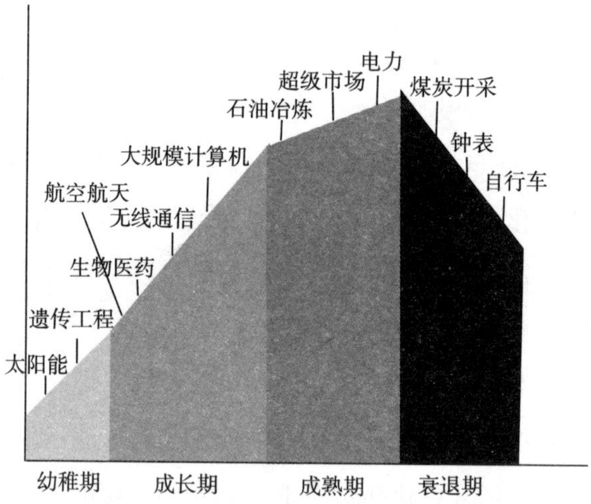

图 2－1　中国典型行业生命周期图

生命周期是指行业从出现到完全退出社会经济活动所经历的时间。行业的生命发展周期主要包括四个发展阶段：幼稚期、成长期、成熟期、衰退期（幼稚期也称“导入期”，成熟期也称“高峰期”），如图 2－2 所示。

幼稚期：这一时期的产品设计尚未成熟，行业利润率较低，市场增长率较高，需求增长较快，技术变动较大。总体来看，市场需求刚被开发，市场风险大，投资规模小。

成长期：这一时期的市场增长率很高，需求高速增长，技术渐趋定型，行

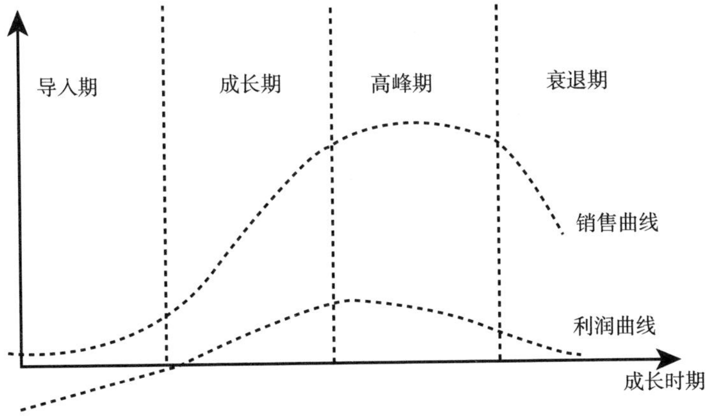

图2-2 行业生命周期图

业特点、行业竞争状况及用户特点已比较明朗,企业进入壁垒提高,产品品种及竞争者数量增多。

成熟期:这一时期的市场增长率不高,需求增长率不高,技术上已经成熟,行业特点、行业竞争状况及用户特点非常清楚和稳定,买方市场形成,行业盈利能力下降,新产品和产品的新用途开发更为困难,行业进入壁垒很高。

衰退期:这一时期的行业生产能力会出现过剩现象,技术被模仿后出现的替代产品充斥市场,市场增长率严重下降,需求下降,产品品种及竞争者数目减少。

每个国家的相关产业的生命周期不尽相同。在美国,早已经完成机械化和信息化的军工行业,在我国却正处在机械化和信息化同步发展的阶段,因此我国的军工产业发展阶段分析应该结合我国的具体特点。在我国,航天军工是集尖端性与战略性于一身的朝阳产业。中国载人空间站工程、探月工程、第二代北斗卫星导航系统、新一代运载火箭等重大科技专项和重大航天工程,都是未来长足发展的领域。航空发动机技术、航母建造技术、新兴雷达和预警系统的大力发展在未来都会大力带动相关产业的蓬勃发展。

行业竞争格局是什么样的

行业格局的竞争分析可以借鉴波特的五力分析模型。该模型是迈克尔·波特于20世纪80年代初提出的，对企业战略制定产生了全球性的深远影响。该模型可以有效地分析客户的竞争环境。五力分别是：供应商的讨价还价能力、购买者的讨价还价能力、潜在竞争者进入的能力、替代品的替代能力、行业内竞争者现在的竞争能力。

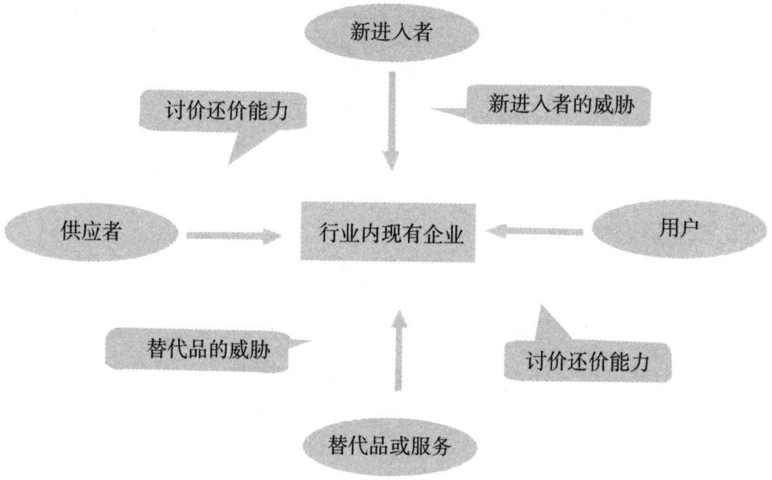

图2－3　波特五力模型

作为一个简化实用的分析方法，可以主要考虑行业整体竞争格局、行业盈利水平、主要竞争者三个方面，进行行业格局的研判。

• 竞争格局

市场竞争格局根据经济特征来分，主要有完全垄断、寡头垄断、垄断竞争和完全竞争四个类型。投资者可以通过产业集中度指标来进行初步判断，同时根据进入壁垒、企业数量多少、企业规模大小、市场价格等多个因素综合判断。

• 盈利水平

行业的盈利状况是该行业的竞争状况的综合反映，行业毛利率高低及走势可以充分说明该行业竞争状况变化趋势。

- **主要竞争者**

重点研究该行业内的有代表性的竞争者,深入研究这些竞争者的自身经营模式、核心竞争力、优劣势等。通过对多个竞争者的深入研究,可以大致清楚该行业的竞争情况,以及未来竞争演变的趋势。

以雷达电子行业为例的分析

在投资过程中,我最喜欢具备“独特竞争力”的企业,具备稀缺的垄断优势的公司是我的最爱,如在军工电子方面,我对雷达股可谓是情有独钟。我长期跟踪四创电子(600990)这家企业,从四创电子还是“雷达第一股”的时代,一直跟踪到国睿科技(600562)借壳上市,取代四创电子“雷达第一股”的位置。

国睿科技控股股东中电十四所为我国军用雷达的主要研制单位之一,先后为陆、海、空等军兵种装备了百余型数千部先进雷达,创造了国内地面防空、地面测控、机载、星载、球载等雷达的众多第一。该股“大集团”和“小公司”的格局非常显著。公司于2013年6月完成资产重组,成为十四所的唯一上市公司。作为十四所整体上市平台的方向性相对确定,并且随着军工科研院所改制政策出台,公司整体上市节奏可能加速。

四创电子主要生产雷达和公共安全产品,以气象雷达和航管雷达为主,特别是航管雷达面临民航空管系统国产化的机遇,大股东中国电子科技集团第38研究所是中国预警机雷达的绝对权威和龙头,该所有望在未来中国电科的雷达资产重组中占据主导地位,四创电子将是38所雷达资产重组整合的主要受益者。

到目前为止的雷达行业格局中,综合军民用两个市场,国睿和四创毫无争议地占据了第一和第二的位置,这样的局面在未来十年左右依旧是牢不可破。如果看好中国的军工信息化进程,那么投资作为电子战和信息战的“千里眼”和“顺风耳”的雷达电子行业,就是分享了军工信息化的成长红利。

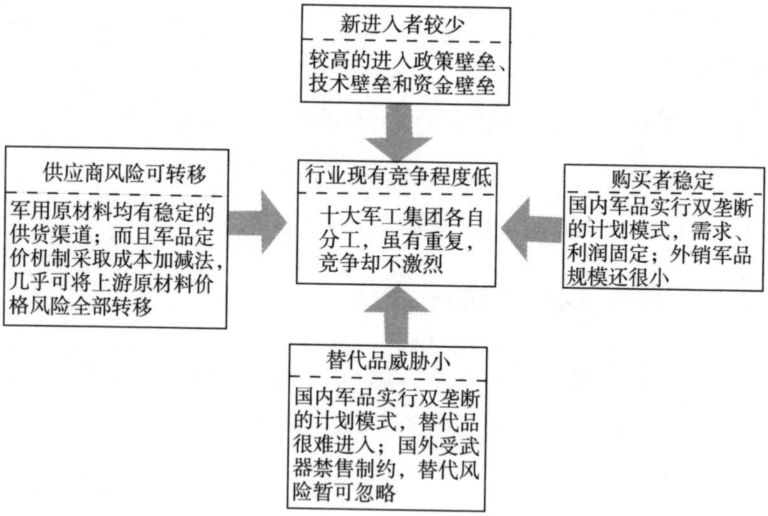

图 2－4　军工行业的五力竞争模型

第三节　技术与变化:“望远镜”看行业(下)

18 世纪末开始的工业革命、19 世纪末的电气化浪潮、20 世纪末的互联网时代,每一次经济结构的巨大变革,都是技术发展和产业变革的直接产物。**投资者必须对技术,尤其是信息技术在未来对各行业的影响保持高度敏感**。互联网、物联网、移动通信技术的飞速发展,会变革现有的商业形态,使社会进入前所未有的新时代。那么,一个具体的行业未来会朝什么方向发展?可能对我们的生活方式产生什么影响?诸多变化的背后驱动因素是什么?这也是“望远镜”看行业必须做出解答的题目。

行业技术发展的特点和趋势

技术发展与进步是行业驱动的核心要素及相关行业颠覆性改变的导火索,因此,投资者必须深入研究该行业技术现状与未来的发展方向,研究技术进步对该行业及行业内企业的影响。如信息时代,利用信息技术去提升传统行业的附加值,才是更为重要的时代变革。

例如苹果公司,它并不是一个纯信息技术类企业。苹果运用信息技术在颠覆一个又一个行业的商业形态,这才是苹果最大的价值,也是乔布斯的伟大之处。单纯从技术的角度看,苹果并没有为世界开创新时代。苹果的产品,往往是跨越行业隔阂,通过商业应用创新、工业设计创新,将科技与艺术交互融合，塑造商业价值。苹果的成功，并非来自信息技术本身，而是信息技术与其他传统行业技术、设计的融合。

未来，实体经济中，会有越来越多的行业被互联网技术领域的核心竞争力侵蚀。这也是为什么这么多行业的顶尖企业家都开始扎堆冲向互联网的原因。大家都看到了技术对行业变革的诱惑与威胁，因此对行业的技术发展趋势分析就显得十分必要和重要，这方面主要立足于“国内外技术特点”和“技术发展趋势”两个基本点进行分析。

国内外技术特点

投资者要纵览国内外该行业技术发展现状，发展动态，研究行业技术发展路径与方向。如我们所熟悉的太阳能产业目前总的技术发展路径有两条：一是光伏，就是以晶硅链条的太阳能发电技术，目前是太阳能产业的主流技术；二是光热，以太阳能热能驱动发电技术，处于初步发展期。从太阳能产业技术发展趋势来看，目前还没有完全定型，投资者需要根据两个技术路径的研发快慢、经济成本等综合判定未来技术发展主流。

技术发展趋势

技术发展对行业的发展影响分为渐进性影响与颠覆性影响两大类，其中我们需要重点关注技术发展对行业的颠覆性影响。如互联网技术的进步对很多传统行业都产生了颠覆性影响，互联网电子邮件基本取代了传统的邮局邮寄。所以我们需要研究行业技术发展趋势，并分析其对行业发展的影响。

行业变化的驱动因素

行业环境之所以发生变化是因为一些重要的力量在推动行业的参与者（如竞争厂商、客户或购买者及供应商等）改变他们的行动，这些重要的力量构成了行业变革的驱动因素。迈克尔·波特在《竞争战略》中对行业变革驱动因素做了深入分析。一般来讲，驱动行业变革的因素主要有如下 10 个方面。

(1)行业长期增长率的变化：行业增长率的上升或下降会影响行业供应和购买需求之间的平衡，影响竞争厂商增加销售的难易程度。

(2)产品使用方式的变化：产品使用方式的改变迫使行业中的竞争厂商改变客户服务的方式，改变行业产品销售结构，迫使生产商扩大或缩小产品线。

(3)产品革新：产品革新会扩大行业的客户群，重新实现行业的增长，扩大竞争厂商之间产品的差异性，从而动摇已有的竞争结构。

(4)技术创新：技术进步可以大大改变一个行业的结构，使得供应商可以用更低的成本生产新产品，并且打开整个行业的前沿领域。

(5)营销革新：如果竞争厂商能够成功地引入产品销售的新方式，那么，他们就可以激起购买者的兴趣，扩大行业需求，提高产品差别度，降低单位成本。

(6)大厂商的进入或退出：一家或多家外资公司进入某个曾为本地厂商所统治的市场，几乎无一例外地会动摇市场的竞争环境；同样地，其他行业中的一家拥有相当实力的公司通过购并或建立自己的新公司进入本行业时，这家公司通常会以某种创造性的方式运用其技巧和资源，从而使竞争朝着新的方向发展。

(7)技术秘密的转移扩散：当某项专有的技术秘密被转移或扩散出去之后，行业中的竞争态势会发生巨大的变化，原来专有该项技术的厂家的竞争优势将会遭到侵蚀，其他竞争者将会增加自己在行业中的竞争实力。

(8)行业日益全球化：全球化的竞争通常会改变行业中重要竞争厂商之间的竞争模式，并且给各自厂商所带来的利益也是不均衡的。

(9)成本和效率的变化：关键竞争厂商之间成本和效率的差异性的扩大或缩小会大大改变竞争的格局。

(10)购买者偏好的变化：当购买者的偏好由产品差别化转向标准化，市场上价格的激烈竞争将不可避免，这时，竞争厂商不得不降低成本，使其价格更具有竞争力。

以医药行业为例的分析

虽然在某一行业中有许多变革因素在起作用，但是真正能够算得上驱动因素的一般只有3~4种，因为驱动因素是行业变革原因和方式的主要决定因素。因此，战略分析家必须抵挡那种将所有他们认为是导致变化的因素视为驱动因素。分析工作是仔细评价行业的力量和竞争变革，从而将重要的和不重要的因素区分开来。下面以医药行业为例聊聊其驱动因素。

中国已成为全球最大的原料药出口国，但我国化学、生物制药行业在国际医药产业链上仍处于较低端的位置。从仿制到创新、从原料到制剂、从普药到新药，由小到大、由弱到强，是中国很多医药企业必然要走的一条升级之路。产业升级不仅指外延的规模扩张，更包括内在的技术与管理的创新、产品的升级换代。但是我们关心的是，什么是未来几年医药行业发展的核心驱动因素？

• 社会变迁引起保健需求升级

社会环境变迁、人口老龄化一方面改变了原来的疾病谱，一方面带动了保健消费需求升级。随着社会的变迁和医学的发展，当今全球疾病谱已日渐由急性病、感染病向慢性病、自身免疫性等疾病为主转变。

• 经济发展带动支付能力提升

国民经济平稳较快发展带动城乡居民收入继续增长，人民生活水平提高，农村人口城镇化使得我国医药市场的消费能力和消费意愿都获得极大的提升。不断加大的财政投入将为扩大医疗内需推波助澜。医疗保障体系的扩容进一步提升了医疗服务和产品的支付能力。

• 企业市场竞争推动产业升级

激烈的市场竞争是推动医药产业发展的另一外在动因。中国医药行业目前还处在原料药、仿制药的低端水平，但中国经济的发展前景和医药发展的土壤决定了中国必然从制药大国走向制药强国。中国医药企业已经逐渐学会与狼共舞，从仿制走向模仿性创新，从出口上游原料到出口下游专利产品是中国医药企业必然经历的崛起之路。

• 政策导向拉动内需促进产业升级

医药产业是集高附加值与高社会效益于一体的高新技术产业,很多国家或地区都将医药产业作为支柱产业给予政策扶持。在新医改政策环境下,医药行业的潜在需求继续快速释放,基本药物制度的建立将进一步促进医药生产与流通行业的集中,国家利用价格杠杆扶持企业创新,提高新药审批的门槛,提高环保标准,加大新药科研经费投入,都将对医药产业升级发挥积极的影响。

• 科技创新拉动技术、产品升级

医药科学技术水平的提高是推动医药行业发展的内在动因。现代医学、药学、生命科学技术的发展带来大量的创新成果。以世界医药巨头为代表的先进医药企业依靠强大的科技创新能力和新产品开发能力保持了公司持续高速的业绩增长。

• 资本市场促进产业升级

随着中国资本市场的发展,优质医药企业通过上市为医药研发和并购扩张提供了融资保障,推动了产业的升级;也通过股票市场的督导机制,推进了医药企业的公司治理朝着规范化、科学化的方向发展;通过广大投资者看不见的手,在资本市场上实现了资金的最优化配置,为其新药的顺利研发提供资金来源。

第四节 “显微镜”标准一:逻辑确定

确定性对于股票投资是最好的安全边际。确定性来自几个方面,涉及公司经营、业务逻辑、战略规划和产业背景等方面,其中业务发展逻辑的确定性最重要,其次才是价格。我们不能做自己把握不住的事情。投资第一要考虑的就是投资的确定性,赚钱的确定性。我投资的公司一定是我可以清晰地理解其未来三年的发展逻辑,理解不了就直接放弃,把风险留给别人。投资首先要考虑到风险,首先要考虑到它的底部在什么地方,我的风险是能够预测到的,这样才行。

从微观的角度看一个公司,确定性来自于对公司成长路径和发展逻辑的深刻理解,检验的标准就是:能不能清晰地描绘未来三年公司的发展路径,逻辑在哪里?靠什么业务布局支撑三年的发展,靠什么维持三年的竞争优势?产业大环境三年之内有没有背景支撑?未来三年的营业收入、利润趋势、资产质量、竞争对手变化能不能把握?这些基本问题搞不清楚,就谈不上对该企业的“确定性”有理解。企业的确定性逻辑来自于“天花板、商业模式、成长性”三个方面。

公司业务的天花板

天花板是指公司或行业的产品(或服务)趋于饱和、达到或接近供大于求的状态。在进行投资之前，我们需要明确企业属于下列哪一种情况，并针对不同情况给出相应的投资策略。在判断上，既要重视行业前景，也要关注企业素质。

● 已经达到天花板的行业

这一行业指极度饱和的行业，产能严重过剩的行业，如钢铁行业、工程机械行业。这类行业的投资机会来自于具有垄断经营能力的企业低成本兼并劣势企业，扩大市场份额，降低产品生产和销售的边际成本，从而进一步构筑市场壁垒，获得产品的定价权。如果兼并不能做到边际成本下降就不能算是好的投资标的。

如国企在行政推动下的兼并做大，并非按照市场定价原则进行，因此其政治意义大于经济意义，此类国企在"改革"的大背景下重新具备了价值重估的机会。那些在行业萧条期末端仍有良好现金流，极具竞争能力的企业在大量同类企业纷纷陷入困境之时极具潜在的投资价值，此时，判断行业拐点或需求拐点是关键，这也是"困境反转股"投资理论的基础。

● 产业升级创造新的需求，旧的天花板被解构，新的天花板尚未形成或正在形成

如汽车行业和通信行业，这些行业通常已经比较成熟，其投资机会在于技术创新带来新需求。创新会打破原有的行业平衡，创造出新的需求。投资者应关注新旧势力的平衡关系。此时代表新技术、新生产力的企业将脱颖而出，其产品和服务将逐步取代甚至完全取代旧的产品，如特斯拉电动车和苹果的创新对各自行业的冲击。

军工股一直以来存在着发展瓶颈的问题，一方面受制于国家集中精力发展经济的影响，另一方面受到军工技术和体制的牵制，一直被约束在一个天花板之内，行业内的企业也都被局限在各自的小板板下面，动弹不得，不论你是造军舰还是造飞机坦克。现在的局面不一样了，从国际大环境到国内政府对军工产业的态度转变，都是前所未有，相应的军工行业的天花板就被冲破了，进入到了一个规模化经济效益的新层次。

- **行业的天花板尚不明确的行业**

这些行业要么处在新兴行业领域，需求正在形成，并且未来的市场容量难以估计，如新型节能材料，军工信息化武器装备，以北斗导航为代表的航空航天重大专项机会；要么属于“快速消费”产品，如提高人类生活质量、延长人类寿命的医药产品和服务。这类行业历来都是伟大企业的摇篮，牛股层出不穷，要重点挖掘那些细分行业里具备领军地位的优秀企业，即小行业里的大公司。

专注行业研究做什么？就是把握上述3点探讨的要素，深刻了解一家公司的行业地位和未来想象空间，深刻理解公司发展的逻辑。重点是明确：(1)有没有天花板；(2)面对天花板，企业都做了些什么。让我们看看欧比特(300053)是计划如何冲破自己天花板的。

欧比特的产品集中在航空航天和测控方面，业务主要分布在北京、上海和西安等航空航天科研院所较集中的地方。公司在北京成立了欧比特控制工程研究院，与北京航空航天大学以及航天科工、航天科技等单位形成了稳定的产学研合作关系。

2014年8月，欧比特的一则公告引发了市场的强烈关注，公告称公司将成立上海欧科微航天科技有限公司，该公司成立后，将启动芯片式卫星的研制，从事航天、卫星领域的业务。一石激起千层浪，在此军工行情如火如荼之际，欧比特的这则公告比较内人寻味。这次在上海成立欧科微航天科技有限公司，今后将与上海微小卫星工程中心开展合作。

之前的欧比特用一句话就可以清晰地描述：“处于中短期天花板下的一个好公司，好业务，现金牛”。公司最大的特征是营业收入、毛利和净利润都比较稳定，每年保持在2000万的收入规模，给40倍估值，8亿元市值的估值中枢，这是欧比特的基本安全边际。这也反映了欧比特缺乏一个打开成长空间的突破口，公司的发展遇到了中短期天花板。2013年下半年开始，在重组并购的预期下，市场将欧比特的市值给到20亿元以上。2014年开年，公司宣布终止重组，进入短暂的停歇，受益于军工北斗板块走热，公司的市值突破30亿元，此时公布上海成立微小卫星事业部门，一下子打开了欧比特的想象空间——以前只是给卫星平台、空间武器、飞弹军机等做配套航电芯片产品,现在自己从芯片卫星开始,着手建立自己的空间平台了!虽然这仅仅停留在一则公告的阶段,仅仅是“星星之火”,但是这解决了困扰欧比特人好几年的问题——今后走什么路的问题有了方向性的突破,至于能不能形成“燎原之势”,那需要时间和观察,至少欧比特给了我们一个观察它追踪它的理由。

公司发展逻辑是否确定还要深入了解其商业模式

商业模式是指企业提供哪些产品或服务,企业用什么途径或手段向谁收费来赚取商业利润。比如,制造业通过为客户提供实用功能的产品获取利润;销售企业通过各种销售方式(直销、批发、网购等)获取利润,等等。

研究商业模式的目标在于回答以下三个问题:(1)是不是好生意;(2)这样的生意能够持续多久;(3)如何阻止其他进入者。这三个问题分别对应:商业模式、核心竞争力和商业壁垒。商业模式、核心竞争力和壁垒三位一体构成公司未来投资价值:前者指企业的盈利模式,核心竞争力是指实现前者的能力,壁垒是通过努力构筑的阻止其他公司进入的代价。互联网公司和传统制造业的商业模式大相径庭,这里盈利模式主要是指以互联网为代表的新兴产业企业的生存发展问题。传统企业的商业模式很简单——提供产品和服务,收取费用,实现收入。

生活中人们比较熟悉的互联网业态莫过于百度公司,其盈利模式是搜索流量变现,搜索技术的不断进步是其核心竞争力,先发优势构筑的巨大数据库和大量的应用软件是其壁垒;而通过免费杀毒为入口,获取流量变现是奇虎360的商业模式,强大的研发能力,快速的服务响应能力是其核心竞争力,快速累积巨大的用户群构成竞争壁垒。360利用巨大的用户量努力进入搜索领域,但是一直没有看到突破性的技术进展可以挑战百度累积的巨大数据和应用壁垒,所以相形之下,360尚未具备颠覆百度的能力。

通常来说,我们应尽可能地投资那些用一句话就能说明白商业模式的企业。进一步分析商业模式,其还涉及企业在产业链中的位置——处在产业链的上游、中游还是下游;整个产业链中有哪些不同的商业模式,区别是什么;哪些企业最有定价权,为什么;企业与客户的关系是否具备很强的黏性,等等。这些决定该商业模式能否成功。

在军工和医药医疗板块主要是传统企业,与互联网相结合,医疗领域出现了一些具备互联网特质的医疗服务企业和特殊的产业链重组的公司。分析这些企业,必须搞清楚以下几个问题:靠什么挣钱,产品还是服务?挣谁的钱?是从现有的销售中挖掘、争夺,还是创造新的需求?如何销售?从产品生产到终端消费,中间有几个环节?有什么办法能够将中间环节减到最少?企业有没有做这方面的努力?随着销售量的扩大,边际成本会不会下降?等等。对于传统的军工和医药医疗企业的商业模式此处不做太多讨论,下面借迪安诊断(300244)这家公司聊一聊医疗服务领域的创新商业模式。

商业模式的威力:以迪安诊断为例

迪安诊断是这几年的大牛股,也是我长期跟踪研究的股票之一。近年,公司营收和利润大幅度增长,可是,早些年的迪安也经历过商业模式转型的阵痛。早前,迪安主要采取一种"代理模式"。这个模式到 2011 年依然为迪安带来四成以上的收入。迪安的代理模式主要有两种:一是"单纯销售模式",即买卖医疗设备,获取差价;二是"联动销售模式",即通过每年向瑞士罗氏等公司支付维修费或购买试剂等方式,来换取医疗设备的使用权及后续服务,随后,迪安再将设备免费租给医院使用,主要通过出售试剂获得收入,这是迪安采用较多的一种模式。

从 2004 年开始,迪安开始转型做"医疗诊断外包业务"。迪安直接租用代理商的设备,成立独立实验室,再承包医院的某些医疗诊断服务,如染色体检测、骨髓细胞分析、癌细胞病理诊断等业务。

这种模式能为医院带来什么好处呢?一是联动销售模式对医院使用的试剂数量或设备使用频率上有一定标准。县乡一级的医院或社区医院难以达到这个标准,有些特殊设备即使大医院也难以达到这些标准。医院自己做远不如外包划算。二是诊断业务外包模式也有助于医疗机构降低并且转移医疗事故风险。因为独立实验室在标本量、设备使用效率与降低误诊率等方面都高于行业一般标准。如迪安承诺误诊率在万分之三以内，这个指标远低于国家千分之一的标准。

在这项业务模式中，首先由医院采集标本，然后再由迪安负责运输到独立实验室。迪安建立了一支物流队伍，为保证检测结果准确，四分之三以上的人员都具有医学专业背景。欧美国家三成以上的医疗诊断业务都外包给独立实验室。但是在中国，这个比例还不到1%。

迪安商业模式的核心，实际是罗氏制药在产品和服务销售领域的创新性支持。作为迪安的最大供应商，罗氏制药将设备使用权以分期的方式转让给迪安医疗，迪安在此基础上方能展开自己的"收费服务"模式、免费使用权换耗材采购权模式和收入分成模式。当然，如果能够有效利用国内租赁公司的金融资源，也能发展出类似商业模式，但人们不能忽视的一个事实是：通常国内融资成本远高于境外融资成本。迪安医疗其实借用了跨国公司的信用积累，将其低成本转换成为其在国内的竞争优势。商业模式转型带来的直接效果是利润增幅大幅度超过收入增长——这就是"商业模式"的威力。

公司的成长性

成长性侧重未来的成长，而不是过去。要从天花板理论着眼看远景，从商业模式看公司成长的基础。成长性是定性分析，无法精确地定量分析。对于新兴行业来说，历史数据的参考意义不大。而对于成熟行业来说，较长时间的历史数据（最好涵盖一个完整的经济周期）则能够为分析提供一些线索。

企业的成长性体现在企业规模、营业收入和利润、市场占有率和行业渗透率等几个方面，反映在成长方式上，有"内生性增长"和"外延式增长"两种，如军工股，通过这两种方式实现企业由小到大、由弱到强的成长。"内生性增长"方式以中国卫星（600118）、中航动力（600893）、海格通信（002465）、机器人（300024）和中海达（300177）为典型代表；"外延式增长"，典型的有成飞集成（002190）、广船国际（600685）、闽福发A（000547）和中创信测（600485）等转型和注入资产的企业。这里以"内生性增长"方式为主、兼具“外延式增长”的同方国芯(002049)为例,说明如何理解新兴行业公司的成长性。

从唐山老牌上市公司晶源电子,再到“清华系”成员,同方国芯已在资本市场历经近10年,最终发展成为集智能卡芯片业务、特种集成电路业务及石英晶体与蓝宝石业务于一体的高科技公司。同方国芯目前的主营业务主要有三大块,分别是:同方微电子,主要负责智能IC卡领域芯片的设计,这是目前市场最关心的核心业务;石英晶体材料,即晶源电子原先的业务;深圳国微电子,主要负责特种集成电路芯片设计,是国内为数不多的特种集成电路提供商,也是同方国芯登陆资本市场以来仅有的一笔外延式收购。

那么如何理解同方国芯的未来成长性呢?

随着全社会信息化进程的加快,基于智能IC卡衍生的一系列业务,催生了一个又一个新兴市场。同方国芯副总裁葛元庆在接受《中国证券报》记者采访时表示,公司的定位十分清晰且明确,就是要做国内智能IC卡芯片的领先设计商。作为这个产业链中最为上游的尖端领域,同方国芯一直在市场和业务之间寻找合适的平衡点并迅速切入。

国微电子是国内特种元器件行业龙头企业,是国内特种元器件行业门类最多、品种最全的企业。公司完成了近200项产品,科研投入总经费9亿余元,其中“核高基”重大专项支持经费3亿多元。和同行比,公司产品种类最全,品种最多,目前可销售产品达到100多种。国微电子在研项目转化产品能力较强,在研项目超过50项,年均新增产品近30项。

2013年12月,国微电子斥资1.5亿元在深圳前海设立了子公司同创国芯,旨在加强自主知识产权的可重构系统芯片的开发。可重构系统芯片市场前景向好,目前全国约有100亿元的采购规模,并且还在继续增长,留给同创国芯及国微电子的空间很大。

按照信达证券等研究机构的预测,全球可重构系统芯片市场空间约为50亿美元,国家的信息安全要求,产业升级等因素都可提升可重构系统芯片的潜在需求。另外,国微电子在特种集成电路领域浸深耕久,是国内技术最成熟、供货量最大的特种可编程器件系列产品研制单位。

当然,国微电子与全球可重构系统芯片龙头尚存差距,这也给同创国芯和国微电子在研发产品、应用需求等方面提出了更高的要求。除了着力提升内生增长之外，同方国芯也积极备战，拟在全球范围内继续寻找优质的并购标的，进一步提升其在集成电路设计领域的市场份额和话语权。此前，晶源电子通过并购同方微电子和国微电子，已顺利实现转型和产业升级。目前的同方国芯无论在技术储备还是资金实力方面均远胜于晶源电子，客观上更具备全球化并购的能力。

第五节　“显微镜”标准二:业务稀缺

用“显微镜”看企业就是要落实到细节,从细微处见核心竞争力,这个核心竞争力反应在业务模式上就是具有“稀缺性”和“护城河”。

稀缺性与护城河

“稀缺”与“非稀缺”证券品种近一年半的市场表现差异如此之大,究竟是市场的理性还是市场的非理性?我们发现,市场最终选择的“稀缺”证券品种大多带有如下特征:或是资源稀缺,或是品牌稀缺,或是技术稀缺,或是商业模式稀缺。这种种稀缺的特征与巴菲特的“经济护城河”有着异曲同工之妙,那就是难以复制。

巴菲特推崇的公司,如可口可乐、美国捷运、吉列等,都有宽阔的护城河,通过长期持有这些公司的股票可以获取超额收益。巴菲特并没有具体解释如何才能发现护城河,但他告诉我们,经济护城河是企业在竞争中能常年保持竞争优势的结构性特征,是其竞争对手难以复制的品质。护城河是企业手中“抓到的底牌”,而不是“怎么出牌”。

资源型稀缺

2008—2011 年,A 股最抢眼的股票莫过于包钢稀土(600111)(后更名为

"北方稀土"）了，且不说在稀土整合预期下的股价上涨有多少理性成分，单就稀土资源本身的稀缺性来讲，包钢稀土当之无愧是资源垄断型企业的代表。造纸公司可以复制，未上市的造纸公司有很多；钢铁公司也可以复制，投入一定的资本，申请一个资质即可。但包钢稀土这样的公司业务你没法复制，在国内没有其他企业能够拥有这个体量的资源。即使是稀土资源全国排名第二的山东微山，稀土资源量也只占全国不到 10%，根本没法与包钢稀土相提并论。在全球范围内，其他区域也不可能拥有那么大的资源量。一般来说，产品定价权以及稀土资源整合这些因素更类似巴菲特所说的企业"怎么出牌"的范畴，而资源上的排他性、垄断性才是企业"抓到的底牌"。

技术型稀缺

技术型稀缺的情况则会比"资源型稀缺"稍微复杂一些。这其中的关键在于技术壁垒是否具备足够高的门槛，看其技术被复制是否存在可能性、有多大的可能性。同时，技术型稀缺往往具备"时间区间"概念，因此持续性没有"资源型稀缺"和"品牌型稀缺"强。以国内外技术壁垒较高的两个行业——海洋石油工程技术和航天卫星相关制造、应用技术来看，其典型的代表分别为海油工程（600583）和中国卫星（600118）。同样以 2008 年至今的走势来看，海油工程的走势要远远弱于中国卫星。

出现这种巨大差距的原因是多样的，但技术型稀缺的路径或许是其股价运行背后的真实逻辑。海油工程为中海油的控股子公司，海油工程介入的海洋石油工程技术领域在 2008 年以前具有唯一性——国内上市公司中没有与之相同业务的公司，且非上市企业中也没有同样规模和技术的公司，主要的原因是海洋石油工程领域的投入和技术研发要求极高。但在 2008 年后，中集集团（000039）通过控股烟台来福士公司介入这一领域，该公司依据中集集团原有的资金和技术优势，很快突破了中海油服的技术壁垒。而中国船舶（600150）旗下的子公司上海外高桥造船有限公司更是在快速介入这一领域后造出了世界最先进的第六代（最新一代产业化技术平台）深水钻井平台。在这样一种行业格局的变化中，海油工程也丧失了其技术型稀缺的特征，这就是海油工程这几年走势较弱的主要原因。

而同样市场环境下，中国卫星的表现则远远好于海油工程。航空航天领域里，在卫星研制、卫星通信、卫星导航、地面综合应用系统集成业务等方面，中国卫星在A股市场仍具唯一性、稀缺性。中国卫星定位为中国空间技术研究院，也就是航天五院的小卫星制造、卫星应用的平台，也是今后集团资本运作的唯一平台。历史上，通过股改，中国卫星已经持有东方红卫星100%股权，小卫星制造的平台早已经建成量产。这种技术型稀缺使其在可预见的相当长一段时间内都不具备被复制的可能。

军工行业的企业多数具备"技术垄断"优势。如中航动力(600893)在航空发动机总装领域仅此一家，未来无论是民用大飞机还是各种军用飞机包括大型运输机使用的发动机总装都在该公司生产，可以说中航动力独享了中国航空发动机的发展红利。中航电子(600372)是我国航空电子领域的龙头企业，依托中航工业集团的技术和资源优势，处于行业垄断地位。大部分军用飞机的航电系统都被中航电子垄断，和中航动力一样，中航电子独享了我国航空产业飞速发展的大好机会。

品牌型稀缺

北京同仁堂(600085)、云南白药(000538)、片仔癀(600436)等个股则是"品牌型稀缺"企业的代表，这其中最为典型的是云南白药。唐骏投资云南白药的主要逻辑就是"稀缺"。在新华都以22亿入股云南白药时，唐骏曾表示其投资的逻辑包括三条：一是与民生息息相关的产业；二是产业排名前三；三是投资对象是国资控股类型的股权结构。

云南白药的品牌稀缺，使其拥有超强的产品定价权，这就是无法被复制的护城河。如果站在证券市场的供应量角度来看云南白药的话，这个公司的证券供应量只能是那么多，再也无法增加。而对比生产普通化学药物的公司，如果具备足够的资本和技术投入，类似的公司是可以被不断复制的。至少在品牌上，云南白药构筑了一条强大的"经济护城河"。

片仔癀的主要产品之一为同名中药片仔癀。片仔癀长期被誉为中药领域的"药王"，可以从两个方面看其稀缺性：一是片仔癀技术是国家保密品种，不存在相同配方产品；二是片仔癀取材于麝香、牛黄等珍贵药材，产品原材料的稀缺更强化了产品的稀缺性。由于产品疗效显著加之明显稀缺,使得公司在该领域具有宽广的经济护城河。具体体现为公司产品稳定的提价能力,这从公司稳定的毛利率、净利率就能够看出来。这保障了公司业绩的稳定,也给股价以持续的催化剂。资本市场上典型的例子就是,公司提高片仔癀售价后股价大幅上涨。

商业模式稀缺

和佳股份(300273)是商业模式稀缺的代表。公司创立初期,微波治疗设备是公司主打产品,后来公司陆续开发了肿瘤微创治疗设备、医用中心制氧设备、医用影像设备等,并逐步形成了肿瘤微创综合治疗的整体解决方案。和一般的医疗器械企业大小客户通吃、只卖设备不同,和佳股份定位于向基层医疗机构提供包括医疗设备、配套设备、装修设计及施工甚至土建在内的整体解决方案,帮助基层医院建立和完善肿瘤中心、医用气体系统等,并借助融资租赁、合作分成等模式推动其产品销售。

由于其模式具有创新性和独特的优势,迎合了基层医疗器械需求急剧膨胀的市场需求,近几年公司业绩成长骄人,2008—2013 年净利润复合增速高达 98% 。公司还积极探求新的商业模式,向“平台型”医疗企业进军。公司成立了自己的融资租赁公司,把产品、技术、网络、品牌和资本有机融合起来,搭建一个以自产产品和自主研发为基础的平台,是医疗器械领域不可多得的平台型公司。

壳资源稀缺

对于中国特色的壳资源稀缺,让我们以 * ST 太光(000555)的“乌鸡变凤凰”的故事为例,看看市场是如何解读这类稀缺的。在被神州信息借壳之前, * ST 太光是一只不折不扣的“乌鸡”。自 2007 年以来的六年时间里, * ST 太光已无主业,自 2010 年起公司净资产更是已连续三年为负,如果 2013 年期末净资产仍为负值,其股票将终止上市。在生死一线间, * ST 太光找到了“救星”——曾计划在 A 股 IPO 的神州信息。在 IPO 长时间暂停的情况下,神州信息选择了借壳上市,并挑中了 * ST 太光。

更增加市场想象空间的是，神州信息不仅是港股上市公司神州数码的间接控股公司，后者同时也在中国台湾市场发行有存托凭证，在借壳A股的*ST太光之后，成为一个同时涉及大陆和港澳台地区的罕见重组案例。更重要的是，当时联想集团也正在加紧业务分拆，在联想控股的掌握下，联想系具有丰富资源供神州数码使用。一旦分拆成行，*ST太光或成为联想系试水A股的先锋。在联想空间的刺激下，*ST太光自2013年8月2日复牌开始，连续收获了8个“一字”涨停板，累计涨幅高达47.75%，成为8月最牛的个股之一。

在上面所述的诸多“稀缺”因子中，最后一种“壳资源”稀缺是A股特定环境下的产物，风险较大，投资者应该规避。随着市场越来越成熟，这种稀缺性将不复存在，这里加以分析的目的是提醒投资者规避风险。在其他几种稀缺类型里，资源稀缺、技术稀缺、品牌稀缺和商业模式稀缺类公司都是值得重点研究的，是长线大牛股的集中营，不仅仅A股这样，美股、港股也是如此。

第六节　“显微镜”标准三:公司进取

看一个公司是否进取有两个标准:其一,看企业的一把手或者团队有没有做事、创业的闯劲;其二,看公司是否一如既往地专注一个行业。好的舵手,十年如一日地努力在一个行业中,这样的公司是值得长期关注的。

从华为看进取精神

让我们从华为当年的“狼性文化”来看看公司当家人的进取心和专注精神。张力升先生在《军人总裁任正非》一书中这样描述:华为横空出世,没有一家企业像华为一样使欧美巨头感到害怕,没有一位企业家像任正非一样影响全球行业格局,赢得国内外业界的一致瞩目。1987 年,43 岁的任正非在深圳创建了华为公司,注册资本只有 20000 元,还是任正非自己筹集而来。但后来的故事大家都知道了,华为在 2002 年销售额突破 100 亿元大关,2008 年突破 1000 亿元大关,到了 2013 年,华为的年销售额达到了惊人的 2400 亿元。华为是中国企业实现国际化的一面标志性旗帜,华为模式的成功在很大程度上改变了世界对中国企业和中国产品的看法。那么,它的成功靠的是什么呢？那就让我们从“狼”说起。

军人出身的华为总裁任正非说:“发展中的企业犹如一只饥饿的野狼。狼有最显著的三大特性,一是敏锐的嗅觉,二是不屈不挠、奋不顾身、永不疲倦的进攻精神，三是群体奋斗的意识。同样，作为一个企业，要想扩张，也必须具备狼的这三个特性。”

在华为成为行业新的统治者后，人们在惊讶于华为的另类同时，也开始探究其中的缘由。任正非所倡导的狼性文化很快就抓住了很多人的眼球，他们把这一经验视为企业管理的法宝。恰巧一本叫《狼图腾》的小说出现并迅速走红，这本书和华为的狼文化一时间被企业家视为成功的灵丹妙药。

任正非在《致新员工书》中是这样写的：“华为的企业文化是建立在国家优良传统文化基础上的企业文化，这个企业文化黏合全体员工团结合作，走群体奋斗的道路。有了这个平台，你的聪明才智方能很好发挥，并有所成就。没有责任心，不善于合作，不能群体奋斗的人，等于丧失了在华为进步的机会。”

华为历来主张团队作战，非常厌恶个人英雄主义。“胜则举杯相庆，败则拼死相救。”华为还有一种忧患意识，任正非时刻都在提醒员工，华为的冬天可能到来。而对待忧患的方法就团队团结，不能丢失狼性。华为人认为只有这样，“华为才能找到过冬的棉袄”。

这些品质对很多企业都适用。但是，不同的企业以及同一企业的不同发展阶段，狼性文化可以有不同的含义。企业根据自身的特点，可以从狼性文化中抓住不同的要点。有些企业强调协作，有些企业强调市场嗅觉敏锐，有些则更强调个人对组织的高度服从。

从华为的成长历程可以看出，企业的领导者及其管理团队的素质决定企业的素质，决定企业能走多远、能做多大，“投资要投人”正是这个含义。投资者重点要考察领导者和管理团队的背景，通过跟踪他们的言行（通过新闻、招股说明书或董事会报告），获取企业的发展方向、行业战略、用人机制、激励措施等方面的信息。投资者需要判断他们的人品、格局和价值观，这些因素都会潜移默化地影响一个企业的前途，也间接地影响投资者的回报率。

投资企业就是投资人

实践证明，一流的人做三流的生意，有可能把三流做成一流。相反，三流的人做一流的生意，很可能把一流做成不入流。很多第一代创业者缔造的成功企业却有可能毁在继任者手中,微软就是一个典型的例子。在企业核心竞争力诸多条件中,对人的因素的考察极其重要。

再说上市公司,很多明星类型的公司,之所以出类拔萃,不仅是因为它有明显的主业优势、强大的市场竞争力,还因为有着令人期待的主业成长性。格力电器专注空调、万科专注住宅地产、同仁堂专注百年中药,都是股市中耳熟能详的专注型企业的代表。如果某天得知,你看好的、买进的那家上市公司开始经营主业务以外的业务,甚至不再专注主业,而是将大把从资本市场上募集来的资金用于金融理财、“跨界”经营房地产、开始“多元化”了,你会作何感想?此时我会高度警惕,这就是企业出现危险信号的开始。什么行业热就去做什么行业,热衷主业外的“多元化”投资,搞点房地产,搞点投资理财,什么都做。但现实是残酷的,多元策略看上去很美,真正能够获得成功的却是凤毛麟角,更多时候是堆积大量风险,就像一个人,什么武功都想练,结果就是什么都不精!专注、专心才能专业!

因此在选择投资标的的时候,其实不用那么复杂,那些有着强烈进取精神的公司、数年甚至数十年如一日专注主业的公司,就是最好的选择。你只要愿意付出时间和耐心,只要愿意和公司一起成长,只要有那份从容和淡定,很多事情真的不像想象中那么复杂和困难。

Chapter Three

第三章

交易:“情绪控制、资金管理、交易系统”三足鼎立

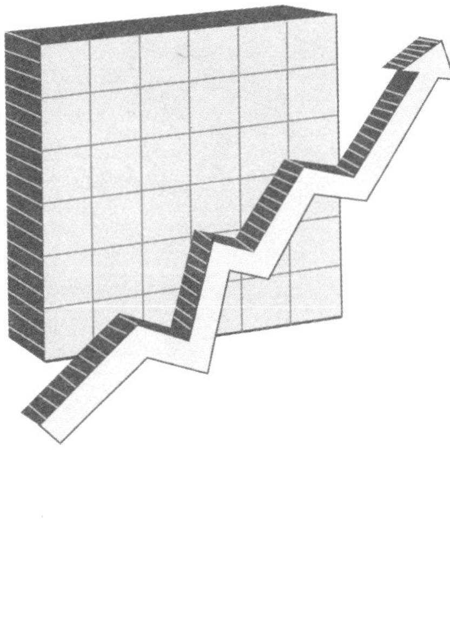

第一节 一颗雄心,两手准备:要“研究”,更要“策略”

当我们怀着赚钱的雄心来到股市淘金的时候,我们是否做好了准备?我们的武器是什么?自己的铠甲是否准备好?就像是探险淘宝游戏,如果没有做好准备就贸然进入,那么要不了多久,就会成为被后人踩在脚底下的皑皑白骨。股市亦然,我们不仅要有雄心,更要做好两手准备:既要做好基础研究工作,更要有好的交易策略!后者是我们在股市中将智力和劳动转换为真金白银的关键!

股市只以成败论英雄

生活中人们常说“不以成败论英雄”,不同的人从不同的角度有不同的解读,要是放在股市里,这句话就变成“股市,仅以成败论英雄”!你来股市赚不到钱,甚至还亏损,何来的成功之说?股市里有三种谋生方式:其一,研究股票的人;其二,教别人炒股票的人;其三,自己靠投资股票吃饭。以前两种方式谋生的不在此列。

在股市投资中,谈研究和分析也好,论思路和理念也罢,这些都是为最终赚钱服务的。如果研究和分析、思路和理念不能够帮你赚到钱,就是做无用功!所以,研究和理念固然重要,但在真正的市场面前,一套行之有效的战法尤其重要。研究是一回事,交易则是另外一回事。

如果没有一个好的作战体系，那么你的“深入的基本面研究功力和渠道”“引以为傲的高学历高才生光环”“十几年的股海搏杀经验”或许在某些时候就成了“死亡陷阱”——正是这样的实力让人自信心爆棚——“我的股票那么好，肯定没问题”“我的股票有消息，肯定会涨回来”“我都十几年股龄了，什么没见过”。殊不知，每一轮大的回调行情中，如此葬送自己的人不计其数，让我们来看看下面几个典型的市场案例：

案例 1

某券商高级经济师，经济学博士，资产管理公司高级管理人士。他在大回调行情中仓位接近 100%。我问他为什么，他说：“我的股票都是有确切消息的，都是质地较好的，我原以为不会跌多少的！但是，我的朋友问我时，我都劝他们说，行情不好，卖了吧，结果他们倒是卖了。”

案例 2

北京某媒体行业的单位，80% 的人都炒股，几乎所有的人都被套，平均仓位还在 70% 以上。他们告诉我说：“我们持有的股票，有来自于上市公司的确切消息，也有来自于证券从业人员的消息，过去都是很准的。尽管我们心里有点发毛，但是我们就是没有想过要卖。我们每一次问他们，他们都说没问题。”

案例 3

某证券从业人员，在 6000 点以上全部空仓，在 5000 点买进了 50%，在 4500 点又补到 72%；另一位证券从业人员，在 6000 点以上将仓位降到了 30%，但在 4500 点的时候又补至 70%；还是一位证券从业人员，在 5800 点空仓了，在 4300 点一带又满仓了……

有很多类似的故事，你会发现故事的主角都不是傻瓜！他们更多的是一批高 IQ 人，在 2008 年大盘下跌的过程中，损失却在 40% 以上。尽管每一个人的故事不一样，但有同样的结果——那就是，他们都感到大盘有问题，但都没有把仓位降下来。

你能避免大部分人所犯的错误吗

我曾经非常迷惘和困惑。我在想，大多数读书人犯的错误我肯定也会犯，或者说，我最有可能犯！我不相信谁能脱离大多数人都会犯错误的关键点，也许你这次跳出了这个火坑，但下次就未必；也许你跳出的只是一个小火坑，未来会跳进了一个更难出逃的大火坑。

有的人在高点是卖了，是逃了，为什么又在5000点一带进来呢？我们难道不会犯同样的错误吗？

有的人认为自己的股票是有消息的，是好股票，我们不曾有这样的想法吗？

很多时候，过去的成功经验和失败教训，在下次激烈交战的时候，却有可能成为魔鬼！我再一次问自己：我会犯这样的错误吗？也许我想不到，也许我会想到，但在关键的时候，我能做得到吗？我凭什么能做到？

我不能克服大多数人都有的毛病，我唯一的进步就是在仓位的调整上，在心态的成熟上，在策略的执行上，比早几年有了一些进步。成熟是什么？也许就是胆子小一点，亏钱少一点罢。股市投资之路，是一条修炼之路，是一个不断克服自己人性弱点的艰难抉择之路！

就算是金融科班出身，如果没有好的市场应对之策，在交易环节中，研究成果就难以有效转换为真金白银，有时候这种优势反而更有害！这就是为什么市场中这么多研究实力雄厚的机构和个人，依旧摆脱不了大周期亏损、套牢命运的原因之一。

入市时间长了就一定有优势吗？不一定，就算入市二十年，如果没有建立一套自己的操作方法，那么依旧摆脱不了亏损的命运，赚到钱也是偶尔走运而已。

从理论上讲，进入股市时间较早的人，应该具有更多的证券理论知识和投资理念之类的东西，应该有更多的成功经验和失败教训，最起码，进入股市早些的人总要比晚些的人看到了更多的涨涨跌跌。可是现实中，看到的多是这样的：把入市时间长的投资者与入市时间短的投资者相互比较，他们唯一的区别就是：面对套牢，入市较长的人是套了就不管，说"都这个样了，放着呗，懒得看”；入市较短的人则是到处打听，套了该怎么办，问“怎么会这样呢？不是说要涨的吗？”

是的，入市时间较长的投资者心态要好些，就是亏了钱，也不会骂娘，你股评说错了，也不会指着你说你不行，因为他们一方面要维持一点自己是老股民的自尊，另一方面以麻木来代替自己的心痛！这部分老股民问题出在哪？出在从来没有去反省过自己错在哪里，做错了什么。其实，一直以来，他们什么都没有做对过！

我认为，就是有理念、有研究，如果不能转化为具体的操作方案，也没有多少价值！股市里，你的业绩与你的学历无关，你的业绩跟你的经验无关，股市就是人性弱点大曝光的地方！在股市，你的“深入的基本面研究功力和渠道”“引以为傲的高学历高才生光环”“十几年的股海搏杀经验”都不能帮你长期生存，唯一能让你屹立战场的是你的“策略”！

险象环生的股市，你的策略是什么？

第二节　交易体系：震荡做潜伏，趋势做突破

检验成绩的唯一标准是能否赚到钱，以及是否能够持续赚钱，偏离这个标准的一切活动都是没有意义的（当然"卖研究成果"和"咨询指导"的行当除外）。对于我来说，研究基本面也好，专注理念也罢，都是为"赚钱"这一终极目的服务的。我重视研究基本面，也很重视交易体系的打造，没有合适的交易体系，研究成果和市场就难以无缝对接。对于基本面研究和交易理念体系，我的看法是"交易体系决定是否能在市场中活下来，基本面研究决定你能走多远"，基本面选股，技术面看买卖点。

至于是要做一个"价值投资者"还是"趋势投资者"抑或其他类型，这个并不重要，因为"价值""趋势""投资""投机"本来就是共存于这个市场的，不论什么方法，都离不开企业价值的分析，离不开趋势和震荡的识别。陈江挺在《炒股的智慧》中这样解读投资和投机，"英国有位成功的炒家是这么说的：'我年轻时人们称我是投机客，赚了钱后人们称我是投资家，再后敬我是银行家，今天我被称为慈善家。但这几十年来，我从头到尾做的是同样的事。'"时至今日，再也找不到能比这更好地解释"投资"与"投机"的语句了。

"专注投资"是我坚定执行的投资理念，其包含两个层面的意思：其一，从基本面研究的角度，专注自己喜欢和熟悉的行业；其二，从交易实战的角度，专注一种符合自己性格的操作模式，即"专注一个行业，专注一种模式"。

我的体系里研究和交易是分开进行的，平时专注一个行业做基本面的研究，等待市场形成合力，在技术面上出现好的买卖点之时，进入实战交易环节。我始终相信“覆巢之下无完卵”，我的体系是建立在大势研判基础之上的。听产业之风，识行业之鸟，抓龙头股，即“看大势听风识鸟抓龙头”。

我将大盘分成“震荡行情”和“趋势行情”两种，在这两种模式下，对研究的股票，应用五种技术分析工具，决定进出场时机。

图形分析：构建基本面的“敌情预警系统”

对于图形分析，我圈定的范围是 K 线、均线、成交量、趋势、支撑阻力五种，技术指标参考 MACD，结合基本面综合使用，其他的指标和图形基本不用。市场有效假说的主要观点是基本面的变化会提前反应在股价中，图形会先于基本面见到顶底，图形分析能辅助判断企业基本面的变化。市场总是存在信息不对等的情况，对于我们普通投资者来说这是劣势，依据公开信息投资，往往会被误导。此时，图形分析能大致起到一个“预警”作用。

• 要义解剖：最简单的就是最实用的

1. 时间架构

这是所有构建交易体系首先要定义的要素。不同的时间周期，操作方法差异巨大。计划持股三五年的、三五个月的和三五天的，必然存在很多差异。我的体系是建立在中期时间架构之上，持股周期一般不超过一年，不低于一个月，看图形图像周期最低为日线级别，周线看大趋势，月线用的很少。均线周期主要看 MA(20)、MA(60)。

2. K 线

K 线看转折点，是关键时间点市场情绪的体现，日 K 线看买卖点，周 K 线看中期趋势，“在临界点附近抓转折点”，这个临界点主要指支撑位和阻力位、趋势线下轨，“放量、反转”是主要特点，关键是要静心感受“反攻的气势和信号”。

3. 均线

均线是多空分水岭，将市场划分为“操作”“不操作”两个标准，特别是指数研判,MA20、MA60的效果非常好。MA60走平,股价围绕其做一个箱体震荡,那么可以将之判定为“震荡行情”;以一定角度上或者下,那么就是“趋势行情”。

4. 趋势线

主要用于中线买点,上升趋势的下轨为买点区域,结合反转K线组合使用。

5. 支撑阻力线

研判买卖点,特别是“过高不涨,破低不跌”的效果更佳,就是《专业投机原理》里面的“2B原则”,研判中期买卖点,“支撑阻力位+典型K线组合+巨量”。

6. 成交量:确认买卖点

成交量是十分重要的判断依据,在上述的均线、K线、趋势线和支撑阻力线的应用中,必须结合成交量来研判。“天量天价,地量地价”是基本的指导原则。

● 实战精髓:如何处理“骗线”

图形分析最大的问题在于“骗线”——人为操作的空间太大,你看到的都是有人想让你看到的!怎么解决这个问题?我从两个方面着手:

其一,深刻理解标的公司的内在价值和投资逻辑。

脱离基本面看图形就是“无本之木,无源之水”。基本面才是内在原因,图形只是表现形式而已。不论股价怎么在技术层面表演,只要心中把握了股票的内在价值这个大方向,就不会被牵着鼻子走。

其二,换位思考,多琢磨图形背后的对手的想法。

如果我来运作这个项目,我会怎么做?为什么会有“利好兑现是利空,利空兑现是利好”的说法?反其道而行之,该涨不涨看跌;该跌不跌看涨。利好不涨,涨无可涨,看跌;利空不跌,跌无可跌,看涨。

两种行情的划分:震荡行情和趋势行情

为什么要对大势指数做两种行情的划分?因为不做这样的划分就容易

迷失大方向，容易在行情的波动中迷失自我。震荡行情中，一心想着让利润“奔跑”，结果却往往是坐过山车。趋势行情中，如果不敢让利润“奔跑”，见到几根大阳线就紧张，怕利润回吐，结果往往会错失大段的肥美利润。其实，这也是如何持股的问题。该持有的时候，没有胆量，不该持有的时候，贪心了，这是我这几年来在市场中遇到最大、最多的麻烦，实战中我也做错过很多次。

震荡市的特点是，特别折磨人，让人对行情一次次充满期望，可又一次次让人失望。更可恨的是，你被折磨够了，不相信的那一次，往往你是对的。

趋势行情特点是，需要政策面、基本面、资金面和大众信心各方面的共振才能够催生。问题是，你很难知道哪一次能够形成趋势，趋势的力度有多大。

2012 年以来，主板进入标准的震荡行情中，同期，创业板却逐步进入趋势行情中。在主板用趋势行情思维做，会很受伤，追高挨套的概率很高；在创业板用震荡行情思维做，也会很受伤，会错失很多牛股。这种情况下，做主板，采用潜伏策略，人气低迷之时，在支撑位附近布局，一旦有 20% ~50% 涨幅，放出巨量，基本可以逐步变现，否则坐电梯的概率就很大。做创业板，用趋势行情思维做，回调建仓，看对了，逐步加仓，要敢于持股，不要一涨起来就提心吊胆，否则，赚个蝇头小利就得不偿失。

很多基金公司的做法更直接，牛熊市转换的时候，直接换基金经理，熊到牛的转换中，要启用激进派，牛到熊则启用保守稳健派。对于单兵作战的个人投资者，应能够清醒地识别出行情转变，及时转变思维方式，这样才不会犯方向性的错误。

利弗莫尔在《股票大作手操盘术》中对行情的分类做了重点论述。他建议不提牛熊的说法，而是将行情分为“上升趋势”和“下降趋势”以及“无趋势”。因为一提到牛熊市，人们立刻会联想到长达四五年或者更久的持续时间，如“漫漫熊市”的说法。可是，实际情况更多的是，大势震荡情况下的局部性趋势行情，就像 2012 年来 A 股整体震荡行情背景下，创业板局部的上升趋势行情。如果不对大势进行这种划分，就容易在思维上陷入混沌状态，制定的策略就会脱离实际行情特点。

震荡行情会潜伏，耐心守候打狙击

震荡行情中应该怎么做呢？我的看法是，弱势中采用"潜伏策略，狙击个股"。潜伏的目标股必须是从基本面分析具备一定上升空间的、价值低估的、未来有预期的股票，狙击点必须是"支撑阻力确定的临界点"附近，成交量上要求成交低迷。简言之，就是采取人弃我取的战术。这套打法的好处是：风险报酬比非常棒，有限的风险下，博取可观的利润空间。

震荡行情中最大的陷阱是"强势股的陷阱"，由此引发思考一个问题：怎么看待弱势行情中的强势股？

个股在空头市场中呈现平台整理，往往给人不少想象空间，但是别忘了大盘也一样处在整理中。因此，这种情况在多头行情中可能是买点，但是在空头行情中却可能是卖点，这是有必要区分清楚的。

相对强势的个股，往往会引起大家的注意。一般认为，别人跌它不跌就是相对强势，一旦出现突破整理平台的长红或涨停，就表示要涨了。此时，我们应该想想，为何有些主力要如此大费周章地做出强势整理的模样，然后又费心地拉出涨停板？原因只有一个，就是如果不逆势上涨，如何吸引散户上当，没有散户上当，主力要把货出给谁？而吸引散户上钩的最好方法，就是先做好强势整理的模样，先吸引大家的目光，然后来个突破性的长红或涨停引诱大家追涨。

在趋势行情中这没有错，但如果大盘处在空头市场，这两个原则就大错特错了。涨停板最大的陷阱就是，让人套在高位而且不容易解套。

现在，我们了解了主力的企图，那么你该如何做呢？请反过来想一下，长红或者涨停的股票是不是告诉我们空方意图的明牌？

我也是吃了很多亏之后才明白这一点，大势空头，行业指数空头，却往往有"独立行情"的个股，这些股票的走势和图形在大势好的时候没有问题，可是在弱势下跌或者震荡行情中，可信度就大打折扣了。

趋势行情做突破，听风识鸟抓龙头

什么是风？什么是鸟？风和鸟之外，还有猪，西方有一句古老的谚语：

“台风来了，猪都会飞。”意思是说，只要风足够大，万物皆可飞，无论是鸟还是猪，都能飞上天。然而，当风停的时候，猪还是猪，会重新掉回地上，只有鸟才能继续在天空翱翔。资本市场有“听风”与“识鸟”两种主流的投资模式，轻易否定任何一种投资方法都不足取。最好的投资莫过于“在风中找到一只鸟”。

“听风”，并不是盲目追捧市场热点的短期趋势投资，而是跟随技术革命与社会变革的大浪潮，敏锐地听出“风”的方向，从中寻找在特定历史阶段增速显著超越社会平均水平的朝阳产业。18 世纪末开始的工业革命、19 世纪末的电气化浪潮、20 世纪末的互联网时代，每一次经济结构的巨大变革，都催生出新的伟大公司。如果你在十几年前的软件时代早期投资了微软，最近十年的互联网大潮初期你投资了谷歌、腾讯等，那么，恭喜你，你已幸运地与站在浪潮之巅的企业并肩。

“识鸟”，是在大风起来之后识别出“鸟”，即寻找到行业内的佼佼者，它们即便在风停之后仍能够展翅高飞，因为只有具备核心竞争力的优秀企业才能在残酷的市场竞争中胜出。真正能够穿越潮起潮落周期的好公司，应该是在公司治理（企业家精神）、产品、渠道和财务状况等四个方面都具备优势的企业。

“听风识鸟”“养猪等风”有何不同？听风识鸟的关键在于提高准确性，抓住真正的龙头，而不是跟风的泡沫，强者恒强，通过涨了还涨来化解高价买入的风险。养猪等风的关键在于缩短等待期，既要能预见风必然到来，还要尽量缩短等风的时间，从而减少总是不赚钱的时间成本。

一个成规模的行情，一定是多种力量共同作用的结果。各种力量共振之后，形成趋势行情，风刮起来了，鸟的样子识别了，抑或者一头头猪也被风吹起来了，“大风起兮猪飘扬，紧抱飞猪飘异乡”，这时候就要相信“突破”的力量，相信多数时候“让利润奔跑”是对的。

第三节　图形分析的四项核心要素

市场一直以"古老的规律"重复着"古老的运动"，太阳底下没有新鲜事。图形是"复杂多变量环境"下"不变的人类行为"的图形表示，背后反映的是人类的心理波动在交易过程中留下的烙印和痕迹，这个痕迹综合了人们对各种要素的研究，包括行业基本面、企业基本面、宏观经济、世界政治甚至包括传言和消息。奇怪的是，不论是在哪个国家的交易所，不论是在十年前还是二十年前，抑或是五十年前，不论是在股票、期货还是货币市场，走势形态都反映出大致相同的一些形态，是巧合或是偶然？这是一个认真的投资人不可忽略的问题。

要素一：图形分析有没有用

实战中我十分重视图形分析，我做不到不看图形只靠基本面研究或者财务分析来做股票，也不会拿着一只股票十年都不动。我是综合基本面、大势和图表形态进行研判，结合自己的交易体系进出场。

约翰·迈吉如此描述股市："当您走进股票市场，您是在进入一个充满竞争的领域，在这里您自己的评价和见解将会遇到行业中最敏锐的、最坚毅的头脑的挑战。您是处于一个高度专业化的行业之中，其中存在许多不同的部门，它们全都处于深入的研究之中——这些研究者在经济上的生存依赖于他们能做出的最好判断。您必然会被方方面面的劝告、建议或帮助所包围。除非您能够发展起您自己的一套市场哲学，否则您就不能分清好与坏、真实与虚假。”在这样竞争激烈的市场中，怎么可以忽略图形呢？

基本面研究是看大方向，而图形分析掌握得好，可以走在基本面的前面从而察觉一些问题，有助于方向调整。通常图形会先于基本面见到顶底，这是市场有效假说的核心内容——基本面的变化已经反映在股价之中。图形是市场的语言，它告诉我们哪只股票正处于垂死挣扎之中，哪只股票正处于登月火箭之中，哪只股票正处于多空巨大分歧下的拉锯战之中。

《笑傲股市》的作者欧奈尔这样看待技术分析：技术图表分析之于投资者，就像心电图、B超等之于医生，再好的医生如果没有现代化的医疗设备辅助诊断，那么其高水平也无从发挥，如果一个医生赤手空拳，您敢让他为您动手术吗？反之，即使是再好的医疗设备，如果是一个没有经验的医生，您也不会对他有信心。回到股市，一个有经验的投资者，一个行之有效的图形研判体系，两者相遇和结合，才能形成一个好的“行情诊断体系”。

要素二：图形的三个核心分类

说到图表形态，市场上有无数种图书阐述和研究，最典型的代表莫过于《股市趋势技术分析》和《日本蜡烛图技术》，有心的朋友可以拿过来研究一下。本书不涉及过多的形态，仅与大家分享这些年我操作过程中认为有重大参考意义的几种。实战中我将图表形态分为三大类：区间形态、趋势形态、买卖点形态。

区间形态：用来研判“震荡”，指数和个股都可以，股价在这个区间内“胶着”“拉锯”，主要包括支撑阻力、头肩形态、双头形态等。

趋势形态：用以研究“趋势”，如何从震荡中脱离进入新的趋势空间，或者从趋势中进入一个新的震荡区间，主要包括反应趋势运行的趋势线或者均线形态。

买卖点形态：在区间上下轨或者趋势上下轨进行买卖进出的依据，进出场的一个参考，主要指“K线和成交量”。

看图的价值在于透过形态揣摩图形背后对手的心理。现在大多数交易都是在网上直接完成,那么我们的对手是谁?是谁在买卖进出?对手的想法和意图是什么?这些问题十分复杂,但是通过图形分析,我们可以找到一些帮助我们研判和思考的蛛丝马迹。

要素三:图形+基本面+大势,三位一体

“图形+基本面+大势”三足鼎立,缺一不可。图形分析系统只是提供一个“预警”功能,它告诉我们“可能发生什么”和“正在发生什么”。如果脱离行业和企业基本面,脱离股票市场的大势,那么图形分析就失去意义。

脱离基本面,图形分析将会失去支撑和基础。基本面是股价运行的基本动力,这个道理任何时候都不会变。基本分析的目的是研究股票的内在价值,对照股票的外在价格来决定操作方向。无论是短线型投资或长线型投资,价值型投资或成长型投资,万变不离其宗,决定操作方向的是内在价值与外在价格之比较,股票与股票之间相对价值之比较,即比较价值。利用股票内在价值与外在价格的差价、将来股票价格的价值回归来获取利润。同样,基本面也应该结合图形分析,因为基本分析也有缺陷,它不考虑市场现状,不考虑市场心理,买进后有可能面临中期下跌,引起巨大亏损,所以应结合图形分析决定操作的时点。

最后还是那句话,图形必须结合基本面和股票大势一起看,否则失败的概率将大大增加。

要素四:图形精髓——兵不厌诈,反其道而行之

兵不厌诈,战争中,参战者常运用各种手段,欺骗敌人,隐蔽自己的意图,进而达到战胜和消灭对手的目的,如历史上著名的特洛伊木马计。木马计也叫“挖心战”,就是用欺诈的手段进入敌人的内部,从内部发动攻击,打败敌人。希腊人先在战场上制造撤退的假象,丢下一个巨大的木马,内部藏有士兵,使特洛伊人相信,希腊联军已经撤退,木马是他们的战利品,他们把木马拉进城内,开始彻夜狂欢,庆祝胜利。藏在木马内的士兵趁机出来,打开城门,接应城外的希腊军队,希腊人最终取得了特洛伊战争的胜利。

明修栈道,暗度陈仓,假诸葛吓退真司马,等等,都是经典的案例。在投

资市场上也是一样，以进为退，声东击西等招数是屡见不鲜。让我们看看下面几句话是否充满股市斗争的智慧。“该涨不涨看跌，该跌不跌看涨”“破底不跌看涨，过高不涨看跌”“利空兑现是利好，利好兑现是利空”——都是反其道而行之的经典总结。

兵不厌诈、反其道而行之也是相反理论的来源之一。股市有个有趣的现象：绝大多数人看好时，股市就要下跌；绝大多数人看淡时，股价就要上升，这就是著名的相反理论，用常理无法解释的相反理论。特别是长期趋势和中期趋势更适合相反理论。同理，凡是被绝大多数股民看好的股票，就不会快速上涨。原因是庄家不会进去做庄，庄家不愿意为散户抬轿子。所以大多数股民看好的股票不适合做短线。在大多数股民赌咒发誓，解套后永不进入市场、证券公司门可罗雀的时候，是买进的最佳时机；在大盘狂热，全民皆谈论股票，只要买进就赚钱，连出租车司机也在炒股票，证券公司拥挤不堪的时候是卖出的最佳时机。

如此，当你看到“突破”的时候，要想一想是不是假破引诱跟风盘。当你看到“破位”的时候，先不要恐慌，有时“破底不跌”反而是一个绝佳的投资机会。当你听到利好纷至沓来的时候，要想到的是“未来几年的前景都已经透支”，股价失去了成长动力，唯一的道路就是下跌。“完美的股票，完美的价格，完美的业绩”出现的时候，不应该是欣喜，而是要高度警惕。三诺生物2012年初从14元(复权价)附近开始，两年时间最高价超过55元，2014年年报业绩大幅度增长，股价也开始放巨量冲击新高，与此同时，券商的分析报告密集出台，新闻联播也专题报道了三诺的产品和核心竞争力，可谓处处利好！可是，没过多久，三诺的一季报业绩不达预期，接下来的两个月，股价从55元的高位一路下跌至33元附近。

第四节　构建股价的"敌情预警系统"

图形分析几十年来都是老生常谈，基本没有创新。如何将图形分析应用到我们的实战中才是重点，应学会用图形分析的精华来构建我们的"敌情预警系统"。本书从区间形态、趋势形态和买卖点形态几个方面来谈谈笔者的思考。必须要强调的是，图形分析首先要识别骗线。图形分析最大的问题在于"骗线"——人为操作的空间太大，你看到的都是有人想让你看到的！

怎么解决这个问题？首先，深刻理解标的公司的内在价值。脱离基本面看图形就是"无本之木，无源之水"，基本面才是内在原因，图形只是表现形式而已。不论股价怎么在技术层面表演，只要心中把握了股票的内在价值这个大方向，就不会被牵着鼻子走。其次，要换位思考，多琢磨图形背后对手的想法。

区间形态：支撑和阻力

对于学习和思考，我一向认为不要拘泥于常规，不要被权威吓倒，要敢于创新，敢于挑战权威。在学习形态时，不要拘泥于传统的头肩顶、双底、圆弧底等划分方法，要善于总结和升华。

在区间形态方面，我看重的是支撑与阻力的原理和应用。具体图形上，不论是矩形、头肩还是双顶、双底，背后的驱动要素都是支撑和阻力，而这种支撑和阻力的形成则是图形背后形形色色的投资人的合力,至于合力的来源,就复杂很多,基本面、技术面、心理面、政策面都有可能。

• 支撑与阻力的心理解释

在K线图中,最低价位在同一区间多次出现,形象地描述了股票在某一价位区间内,需求大于供给的不平衡状态。当交易价位跌入这一区间时,因买方需求增加,卖方惜售,使价格回升。出现这种情况的内在实质是:

因前阶段反复出现这一价位区间,市场累积了较大的成交量,当行情由上而下向支撑线靠拢时,卖出者获利筹码已清,手中已无打压抛空筹码;做多者持币趁低吸纳,形成需求;举棋不定者则是套牢已深,筹码锁定不愿轻易斩仓。故在这一价位区间供应小于需求,形成了强有力的支撑基础。另外,由于行情多次在此回头,也确立了广大投资者的心理支撑价位区间,只要无特大利空消息出台,行情将获得支撑并反弹。

有较大累积成交量的价位区间定义为"成交密集区",亦即在此密集区有很高的换手率。密集区进货者欲获利则需待股价升至这一成本区间以上,这些进货者即持有筹码者,只要没有对后市失去信心,他们是不会在这一价位区间抛出筹码的。正因为持有筹码者惜售,故行情难以跌破这一价位。另一方面,空方也因成交密集,持币量上升,手中筹码已乏,即市场上筹码供应萎缩,虽然仍会有部分对后市失去信心者抛出筹码,但也成不了气候。即使支撑线被暂时击破,只要既无成交量的配合,也无各种利空出现,价位将重回支撑线以上,广大投资者的心理支撑再次得到巩固。

行情在成交密集区获得暂时的支撑后,后市有两种可能:一是反弹上升;二是广大持有筹码者丧失信心,看空后市,大量抛出,即由多翻空,支撑线被有效击破,行情继续下行。

支撑线并不仅仅产生于成交密集区。当行情下跌至原上升波幅的50%时,会稍加喘息,在这一区间往往会产生一条支撑线,这实际上也是由广大投资者的心理因素所致。此外,阶段性的最低价位也往往是广大投资者的心理支撑线。

此处不再赘述阻力线,读者反过来思考就是。下面谈一谈如何运用支撑和阻力。

● 支撑与阻力的实战心得："2B"原则

支撑线和阻力线的基本价值在于提供了一种"支撑位买进，阻力位卖出，支撑跌破变阻力，阻力突破变支撑"的交易策略。市场上关于这种策略的图书汗牛充栋，已经讲解得十分透彻，此处不再多说。这里我想重点讨论的是支撑线与阻力线的"核心价值"或者"高效战法"——那就是"过高不涨看跌，破底不跌看涨"。维克多·斯波朗迪在《专业投机原理》一书将这种方法总结为2B原则。2B原则是一个用来判断趋势可能改变的原则，实战效果非常出色。

如图3－1所示，在上升趋势中，如果价格已经创新高而未能持续提升，稍后又跌破先前的高点，则趋势很可能会发生反转。下降趋势也是如此。这项法则适用于三种趋势中的任何一种：短期、中期与长期。

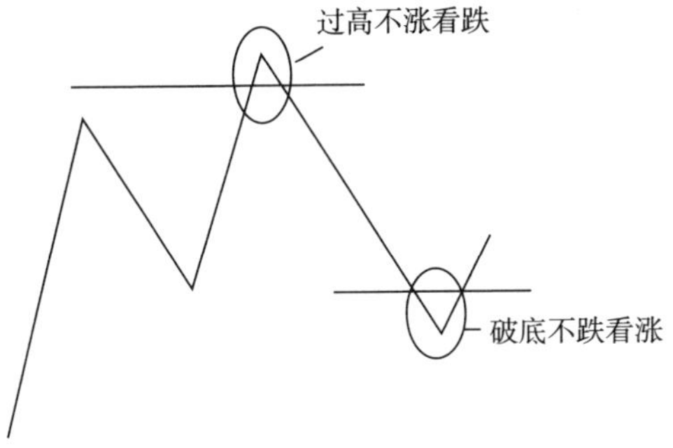

图3－1　2B原则示意图

在盘中的短线趋势中，价格创新高（新低）之后，如果2B法则成立，通常会发生在一天或以内。换言之，当价格创新高（新低）之后，如果2B法则得以成立，则在一天或以内便又向下跌破先前的高价（向上穿越先前的低价）。

在中期趋势中，价格创新高或新低之后。如果2B法则得以成立，它通常会发生在三天至五天以内。

在市场的主要（长期）转折点，价格创新高或新低之后，如果2B法则得以成立，通常会发生在七天至十天以内。在股票市场中，价格创新高之后，随后走势的成交量通常会低于正常水准，但反转的确认（价格跌破先前的高点时)却会爆发大额成交量。

2B 原则实际是从阻力和支持相互转化的概念中演化而来的,以上升趋势为例,一波上升行情发展到尾声,往往会先打出一个次要的高点后接着开始回调,经过回调整理后,再次蓄积能量上攻,并创出新的高点。一般由于股票市场止损和创新高追买的缘故,正常情况下,价格均会迅速脱离前面提到的次要高点的区域,反之,如果价格在创出新高后又回到前面提到的次要高点以下,则说明上升趋势不能够延续,因此就构成了趋势反转的早期信号。

使用 2B 原则能够提早发现趋势的改变并及时跟随做出反应,但有一个问题,那就是出现错判的可能性比较大,这就要求操作者必须具有丰富的交易经验和良好的止损纪律。

我不知道应该用什么文字来表达“过高不涨看跌,破底不跌看涨”策略在股市实战中的价值,有心的朋友可以自己找来任何一种交易图表进行统计验证,其准确率一定会让你惊讶。其实,这也是“假突破”,即上升之前,先造成破位的假象,引起恐慌和止损;下跌之前,先造成向上突破假象,引发追涨。这就是“兵不厌诈”的应用,2B 原则就是反其道而行之,此乃支撑和阻力的精华所在。

- **以创业板指数周线图为例的简要说明**

创业板指数 2010 年 12 月突破 2010 年 6 月的最高点 1129 点,高位盘整四周,一直有创新高的态势,可是最终没能够上行,下行之后开始了一年多的漫长下跌,在 2012 年 1 月跌到了 612 点的新低点,之后开始数月的盘整,2012 年 12 月形成 585. 44 的新低点,图形上也开始破位,大有创新低的态势。可是,一周之后指数开始大幅度反转,形成一年多的上升趋势,2013 年 10 月到达 1420 附近后停止了上攻步伐,开始盘整,2014 年 2 月又形成另一个 2B 态势,从 1571 点迅速回落到 1220 点一带的支撑区域。

在图 3 - 2 创业板指数的周线图上,四年的走势形成了三个大型的 2B 形态,在主要的市场转折点附近提供了很好的预警效果。当然,就像笔者在图形分析一开始强调的那样,图形仅仅是一种“预警系统”,不能作为预测工具来用,需要投资者结合基本面和心理面来通盘考虑。

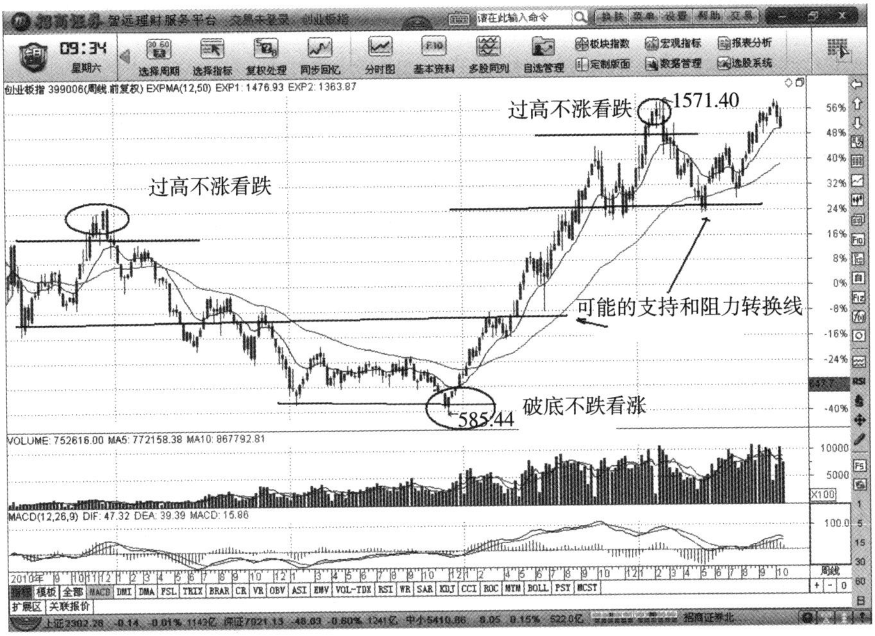

图 3－2　A 股创业板指数周线图(2010—2014 年)

趋势形态：均线和趋势线

对于"趋势"，在资本市场更是一个耳熟能详的话题。趋势线怎么画，不是我关心的问题。实战中，我使用中长期均线的情况比较多，交易软件默认画面中的均线就足以反应趋势的状态。这里，我借均线来聊聊"趋势"的话题。实战中最有价值的还是"该涨不涨看跌，该跌不跌看涨"的思想，反其道而行之的"假突破"是其最直接的表现。

• 均线的基本原理

在移动平均线中，美国投资专家葛兰碧创造的八项法则可谓其中的精华，历来的平均线使用者无不视其为技术分析中的至宝。八大法则中的四条用来研判买进时机，其余四条用来研判卖出时机。总体来说，移动平均线在股价之下，而且又呈上升趋势时是买进时机；反之，平均线在股价线之上，又呈下降趋势时则是卖出时机。

对于均线的应用，有以下三点需要指明：

第一,对大盘指数,均线最大的价值在于将市场做一个市况划分,划分为“可操作阶段”和“不可操作阶段”。如我的中线交易系统的划分结果为:什么情况下有中线机会,可以放心中线操作;什么情况下中线风险大于机会,适合观望。

第二,在个股上,用葛兰碧八法则进行买卖点的研判,并进行“趋势跟踪”,如图 3 -3 所示。

第三,均线只是外在的股价动力表现形式,内在驱动力还是股票本身的质地,不能本末倒置。

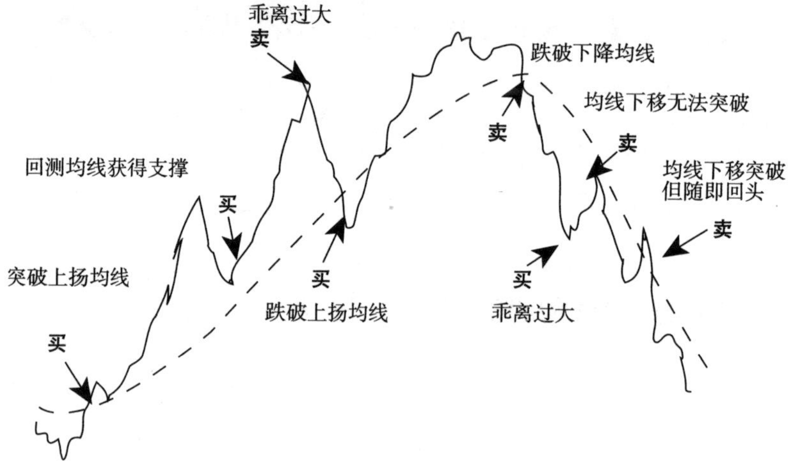

图 3 -3　葛兰碧均线八法则

• 趋势运用的实战心得:123 法则

辨别趋势、追随趋势,是每一个技术分析人士的追求,维克多·斯波朗迪依据道氏理论,将趋势识别这项复杂艰巨的任务简化为 123 法则,如图3 -4 所示。

(1)趋势线被突破;

(2)上升趋势不再创新高,或下降趋势不再创新低;

(3)在上升趋势中,价格向下穿越先前的短期回档低点,或在下降趋势中,价格上穿先前的短期反弹高点。

123 法则相当于道氏理论对趋势发生转变的定义，请注意其中第二点，有的时候价格会出现短暂的假突破（新高或者新低），但很快会回到前高以下（前低以上），因此具体运用中还可以和 2B 法则相结合。

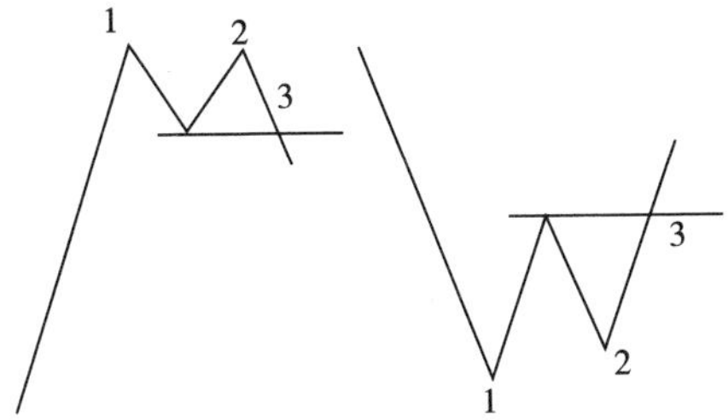

图 3－4 123 法则示意图

注："1"：一个阶段高点（低点）；"2"：回调（反弹）后不创新高（新低）；"3"：破前低（过前高）。

买卖点形态：K 线和成交量

《华尔街日报》登过一则这样的故事：一位记者靠抛硬币在十字坐标上画线，硬币出正面就升一格，反面就降一格，抛了几十次硬币后就画出一条曲线。他把这条曲线交给一位著名的技术分析专家研究，说是一只股票的走势图，请教他的意见。该技术分析家看图后说该股票极具上升潜力，一定要知道这只股票的名称。记者如实相告，该技术分析家听后勃然大怒，拂袖而去。

你读了这则故事有什么想法？其实，这位技术分析家犯了一个严重的错误，他没有问交易量到哪儿去了。本节笔者将在"区间形态"和"趋势形态"中结合"K 线和成交量"来聊聊买卖点的形态。图形的预警作用除了体现在"状态识别"之外，更多地体现在买卖点的研判中，K 线的反转组合结合成交量基本就能够解决买卖点的识别问题。K 线不做过多讨论，这里首先说一下成交量的关键点——"天量天价，地量地价"基本道出了成交量的精华。

●"天量天价，地量地价"的解释

天量，这里指的是相对的天量，是相对于流通股比例的巨量，相对于行情大小的巨量，并不是绝对的天量。“天量天价”理论的基础是：不管是庄家对倒或者是长线投资者大量抛出，都不是好现象。庄家对倒无非是为了出货而营造成交活跃的假象，造成价涨量增的价量配合的假象，来吸引短线客跟风，目的只有一个——出货。无论是庄家出货或是长线投资者出货，都说明股票价格已经超过了其内在价值。此时，我们还有什么理由继续持股不抛出呢？

这里要注意的是：天量卖出是指股价在高位出现成交巨量就必须抛出或准备抛出，如果是低位出现巨量就应该坚决买入。巨量成交大阴线就必须马上抛出，巨量成交大阳线则再等等，但时刻准备着抛出。

“地量”则在行情清淡时出现得最多。此时人气涣散，交投不活，股价波幅较窄，场内套利机会不多，几乎没有任何赚钱效应。持股的不想卖股，持币的不愿买股，于是，地量的出现就很容易理解了。这一时期往往是长线买家进场的时机。

“地量”在股价即将见底时出现得也很多。一只股票在经过一番炒作之后，总有价值回归的时候。在其漫漫下跌途中，虽然偶有地量出现，但很快就会被更多的抛压淹没，可见此时的地量持续性极差。而在股价即将见底时，该卖的都已经卖了，没有卖的也不想再卖了，于是，地量不断出现，而且持续性较强。此时，持股的不愿意再低价抛售，而持币的由于对该股后市走向迷茫，也不敢轻易进场抢反弹，于是成交清淡，地量油然而生，而且一般还具有一定的持续性。这一时期往往是中线进场的时机，如果再结合其他基本面、技术面的分析，一般来说均会有上佳的收益。这也是“地量地价”的基础。

• 买卖点实战心得：天量天价的悲剧

主升浪末期，庄家开始出货，边拉边出，开始快速冲高，短线客最开心的就是这个时刻，今天买进明天卖出，不亦乐乎，天天赚钱。上市公司以前传闻的利好消息终于亮相，开盘后，在利好消息的刺激下，短线客、中线买家、找不到好股票的长线买家和初入股市的新股民、无知的跟庄机构、原来被套后来解套抛出而后悔不已的可怜的老股民汹涌而入，令股价高开且快速升高或者涨停板开盘。这是庄家出货的天赐良机,此时庄家拼命抛出,大众则拼命买进,形成了成交天量。最终,以巨量大阴线收盘,股价从此一去不复返。

2008 年 6 月 3 日,机构和游资在中国联通上展开激战,该日股价的涨幅仅为 -1.6%,而振幅为 13.09%,停牌后利好兑现高开低走,而当时大盘正处在典型的下跌趋势中。如图 3-5 所示,巨大的成交量和大阴线让人毛骨悚然。当日 K 线为典型的反转形态,也构成了一个"2B"形态。

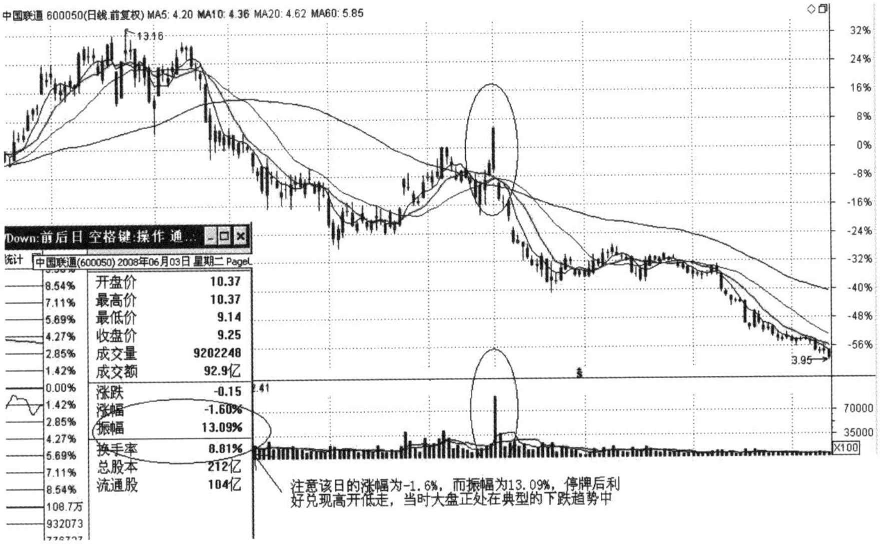

图 3-5　中国联通 2008 年上半年股价走势图

图 3-6 综合体现了趋势形态和区间形态中,反转 K 线和成交量的作用。趋势线的下轨出现反转 K 线组合为买点,"过高不涨"则看跌,实际应用中要结合基本面的情况综合判断,同时会有利好和利空的兑现。

以上简明扼要地阐述了我对图形分析的思考,综合起来就是:K 线、均线、成交量、趋势、支撑阻力五种图形,结合基本面综合使用,大致上起到一个预警作用。K 线看转折点,日线看买卖点,周线看中期趋势,在临界点附近抓转折点,这个临界点主要指支撑阻力位、趋势线下轨,放量、反转是主要特点,关键是要静心感受反攻的气势和信号。

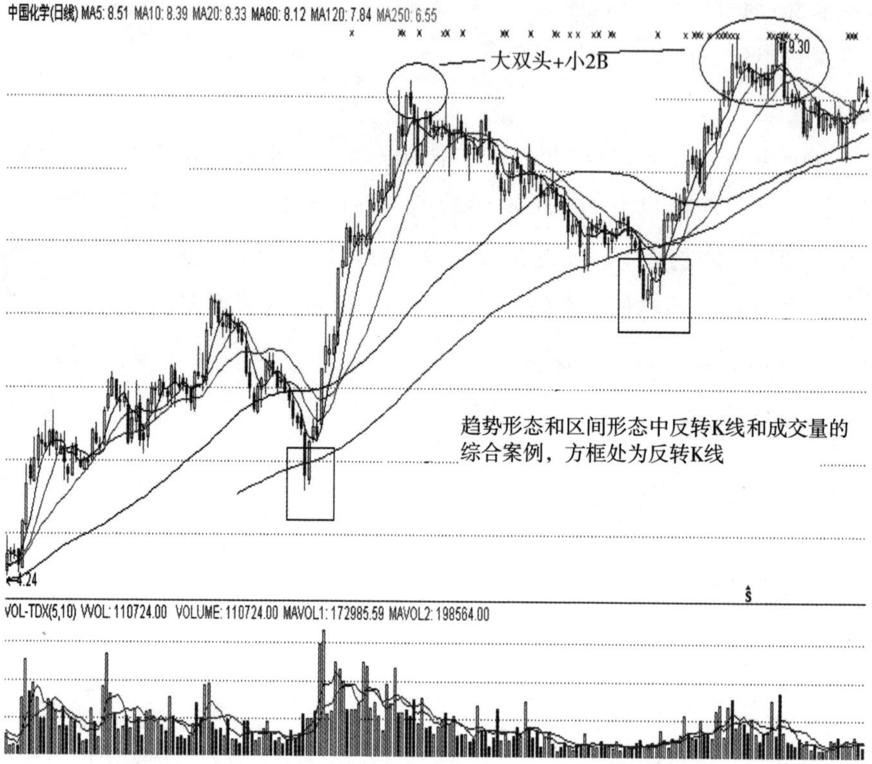

图 3-6 反转 K 线和成交量在趋势形态和区间形态中的表现

第五节　投资是一场概率游戏

投资的本质是什么？市场风险是什么？股市可以预测吗？这是每个投资者进入投资领域首先要面对的问题。几百年来,围绕“投资与投机”“价值与趋势”的争论从来都没有间断过,到今天也没有分出高低,足见投资领域的博大精深。那么,我们普通人进入股市,该怎么思考“机会与风险”呢?

股价的随机性

对股市有点经验的投资者都知道股价走势是具有较大随机性的,即便是纯粹的技术派分析人士也承认股价在一定程度上具有随机性。技术派分析鼻祖查尔斯·H. 道也认为日间杂波受人为因素影响最大、毫无意义。并且假如存在可预测的方法,由于所有人做出一致的预测,那么预测本身也会影响股价的波动而导致预测失败。博览古今中外的公开资料,也没有人或方法能完全预测股市走势。我们可以确定的是:股价波动至少在一定程度上是不可测的。

其实,股市是一场概率游戏,不论是基本面分析、技术面分析还是资金管理、心态控制,都是在评估某一次出手的获胜概率,就像战场上将军对一场战争、一次战役的谋划和部署,没有百分百的事情,都是综合评估各方面情况,得出一套最有利于自己取胜的作战方案。

以A股十几年来的发展为例,2005年开启的大牛市,以房地产、金融、有色金属、煤炭为代表的实体经济在过去的十几年飞速发展,企业盈利大幅度增加,股价上涨是理所当然。可是有谁能够想到股指可以疯涨到6124点?在2005年998点的行情中,很多人还在忙着"割肉",谁会想到两年后他们割肉的股票将迅速上涨十倍二十倍!6000点之上,国人开始疯狂,预言上证指数要上8000点、10000点,可是谁又能想到一年之后股指就到了1664点!这期间许多股票被"腰斩再腰斩"。高达48元的中石油,一年后股价就成了个位数;高达68.4元的中国远洋一年后也是剩下一个零头。(见图3-7)

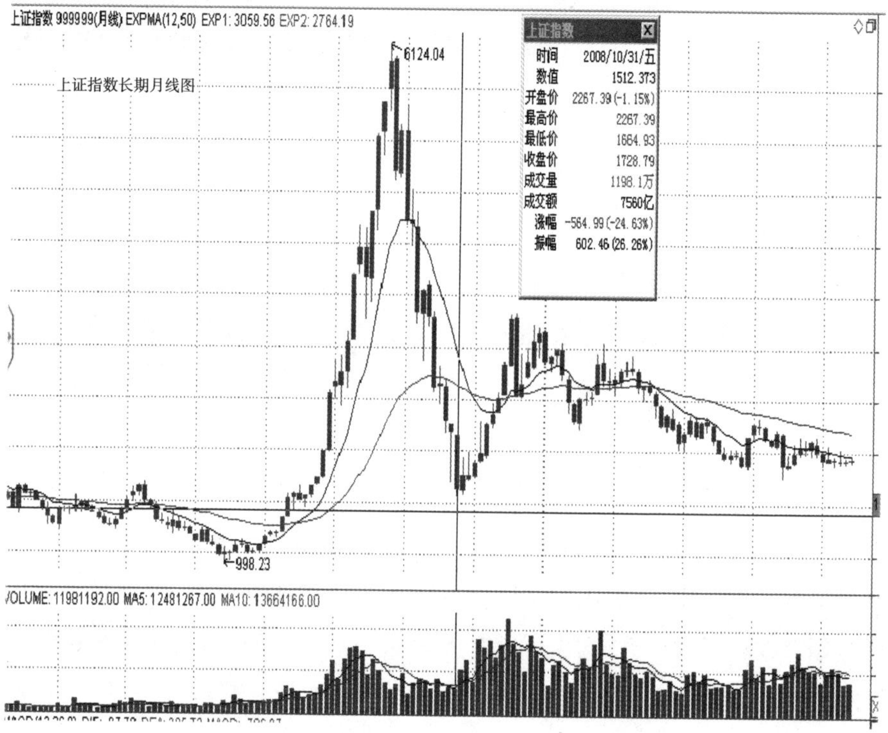

图3-7 上证指数2002年至2013年K线图

股市是一个在"复杂多变量"影响下的人类行为综合体,在股市没有什么是百分百的,一切都是在"概率"和"可能性"上进行优化,提高自己的胜率。具体到投资,一个可行的投资计划,不能凭空想象,它必须有理有据。"理"就是数学的概率,如果你每次出手的赢面不超过50%,那么长期下去你必然是亏损的。"据"在于你知道怎样找临界点，在长期的观察和实践过程中，你知道这些点是出入场的关键点，在这些点操作，你的赢面超出50%。再加上应用"大赚小赔"的思想，你的获胜概率其实远远超出50%。在企业和行业的基本面分析中，也要"有理有据"，这个"理"是你对企业和行业基本情况的理解程度。只有站在产业的角度从内部看问题，才能提高认识准确的概率；"据"则是企业和行业发生变化和出现拐点时，能够见微知著，迅速发现蛛丝马迹。

人的风险偏好

在股市概率论的基础上，还要认识人性对风险的偏好特征。人类本性是厌恶风险的，下面的实验就很好地说明了这个问题。

纽约有位叫夏皮诺的心理医生，他请了一批人来做两个实验。

实验一

方案一：有75%的机会得到1000美元，但有25%的机会什么都得不到；方案二：确定得到700美元。虽然方案的制定人一再向参加实验者解释，从概率上来说，选择方案一能得到750美元，结果还是有80%的人选择了方案二。大多数人宁愿少获取收益，也要确定的利润。

实验二

方案一：有75%的机会付出1000美元，但有25%的机会什么都不用付出；方案二：确定付出700美元。结果是75%的人选择了方案一。他们为了搏25%什么都不付的机会，从数字上讲多失去了50美元。

如果你参加这个实验，你会做什么样的选择？

陈江挺在《炒股的智慧》一书中，对这个实验的解读很耐人寻味！股民一般爱贪小便宜，买入股票有了获利就赶紧出手，特别是遇见一个涨停板，此时不抛更待何时？人们都想赶紧享受一下自己胜利的果实，这只股票或许有75%继续上升的机会，但为了避免25%什么都得不到的可能性，结果是股民都宁可少赚些。当然，有人说我可以在高价认错，买回来就可以了。其实在股市玩得久的人都明白,要用比你卖价更高的价格买回已抛出的股票,其难度是何其大!更多的时候是看着股价一天比一天高,只能做旁观者,只有后悔的份儿。而一旦买进的股票跌了,人们的想法就不一样了,无论如何也不肯认错出局,想象出各种各样的理由说服自己下跌只是暂时的,开始找各种各样的“利好”以便让自己坚持下来,其真正的原因只不过是为了搏那25%可能全身而退的机会!结果是小亏慢慢积累成大亏,套了很长时间后,自身承受力到达极限,最后一刀下去,一了百了,可是通常此时恰恰是“带血的筹码割在了地板上”。

借用一句流行的话,我们应该“截断亏损,让利润奔跑”。借用概率的思维方式,在你正确的时候,放大你的收益,在存在赚大钱的可能性的情况下,不妨“让子弹飞一会”;在看错的情况下,要果断及时认错,防止一次错误导致更大悲剧的发生,这就是概率思维和资金管理的要义所在。

习惯用概率的思维来考虑问题之后,不必再拘泥于财务、现金流、盈利、图形等死板的思维方式,要用概率的思维来衡量机会和风险。在做出投资决策之前,股票大势怎么样?如果大盘很好,盘面机会此起彼伏,那么你出手获胜的概率就增加了。还有分析股票的基本面怎么样?如果企业财务健康、收益良好、行业处在好的政策和产业背景下,那么获胜的概率又增加一些。再看企业管理层是否进取?股票是不是处于低估阶段?如果是,那么获胜的概率就会达到很高的程度,这一次出手就是一次胜率很大的决定。

有了概率的思维方式,再去谈资金管理、仓位布局、情绪控制和交易体系,就有了依据和参考,再结合具体的风险承受力,就可以制定出适合自己的股市生存策略。

第六节　亏得起，才能赢

曾有一则媒体报道："2008 年 4 月 1 日，愚人节，但今天发生的事情却不是玩笑，今天下午两点半，在齐鲁证券威海滨海北路营业部里的 300 多人集体失声痛哭，起先只是几个人掉眼泪，哭着哭着就哭出了声音，这声音瞬间就感染了股票交易大厅里的所有人，于是这三百多男女老少，一起痛哭起来……①"

300 多人失声痛哭，这是怎么了？不仅仅是因为在股市稀里糊涂亏了大钱，更多的是因为想不明白，之前半年还稀里糊涂赚了很多钱，数量堪比几年的工资，可是不到半年的时间，却连本带利全部折进去了，有的人甚至赔了一生的积蓄！之所以会这样，最主要的原因是：这些投资者根本没有丝毫的资金管理和风险控制的概念！就像开着一辆没有刹车的汽车去兜风，顺风顺水固然爽快，可是一旦遇到紧急情况，就傻了眼。如果这些投资者有基本的资金管理、仓位控制、风险管制手段，就是亏损，也不至于如此严重，这就是资金管理的重要性所在。

什么是资金管理？印象中好像只有数以亿计的大资金运作才会涉及资

① 2007 年 10 月，上证指数从 6124 点开始下跌，2008 年 4 月跌至 3000 点附近，很多个股早已经跌得面目全非，很多受"金砖四国，黄金十年"口号感染入市的新股民的账户转眼间从天堂到地狱，财富灰飞烟灭。

金管理,对于中小散户,用得着资金管理吗?其实不论资金量大小,来到股市都有两个共同的目的:保证资金安全,追求最大化收益。没有基本的资金管理策略,资金的安全性就无从保障,就更不用谈收益了。

资金管理其实没有什么神秘的,就比如考虑做一项生意,我们要考虑的几个问题是:做什么行业或类别的生意,这个生意值不值得做?值得做的话,你准备投入多大?倾全家之财力,还是投入一部分,抑或是还要贷款全力投入?简言之,就是投不投,投多少资金的问题。股市投资也是一样,拿多少钱入市,选什么股票,买不买,买多少,这个“拿多少钱来玩,买多少”就是资金管理。

下面聊一聊资金管理的两个战略层面的问题和一个战术层面的仓位控制策略,谈谈笔者对广泛流行的“倒金字塔”建仓方式的思考。

我能亏得起多少

这是做任何投资都要首先考虑的问题,拿你亏不起的钱去玩,你不可能赢。因为在亏不起、输不起的钱面前,你的心态肯定十分糟糕,没有了好心态,一切都无从谈起。很多人看好股市便压上所有积蓄,甚至抵押房屋,当然股市中不乏这样的成功事例,但是我们不要期望这样的事情会大概率地重复发生。要看到,因此倾家荡产、妻离子散的也有不少。很多人玩自己“亏不起”的钱,不仅亏了钱,还搭进去了自己的生活和家庭,甚至生命。

我早些年被“剃光头”的惨痛教训至今仍记忆犹新。2007 年的财政部半夜发布增加印花税事件,几天之内使大盘连续大跌,而这期间我的操作也是连续挨耳光,先是所持股票(巴士股份,现在为华域汽车)在三天内经历三个跌停板,使我陷入极大的恐慌,在第四天大幅低开时杀跌出局,结果该股票下午就拉到了涨停板,后面两天都是大幅反弹。如果说前面还是账户市值下跌让自己沮丧的话,“卖出就涨”则是让自己的心理挫折严重加大。类似走势的股票那一段时间内有不少,而我则因为恐慌杀在了地板上。

更可悲的时候,因为股市投资的失败,导致我想通过权证来挽回败局。大概是 2007 年 6 月初的几天,我开始炒中集集团的认沽权证,想扳回前期的投资损失,结果在认沽权证直线跳水的走势中又损失了接近一半的资金。

这就是我的惨痛经历！在股市天天涨的大环境下，使我产生一种错觉，认为股市就应该常态化地涨涨涨，怎么会跌呢？结果第一次大跌就是如此惨痛！投入股市的血汗钱就这样几天就没有了，此时，我才初步认识什么叫"股市"！

后来的两三年我都没有悟出来，一度认为我错在了"炒作和技法"上。再过两年之后，我才突然明白，当时的我确实错在炒作的心态上，但更多的是错在"资金管理和风险控制"上。不论是"5·30"后面的几个跌停板割肉，还是中集认沽权证的"坑杀"，我都是满仓进出，一来一去两个回合，就被杀得干干净净。比较幸运的是，那时候我还在学校，资金量并不大，后果就是生活过得紧巴一点。如今回想起来则很害怕，如果当时我的资金量不是几万而是几百万，估计今天我已经不能在这里敲键盘了。

不能孤注一掷去豪赌

孤注一掷，比喻在危急时用尽所有力量做最后一次冒险，通常不被大家认可，主要在于它的高风险性。我们制定的计划若是孤注一掷型的，执行起来只要有一个环节出现问题，计划就有可能满盘皆输，根本没有修正和调整的余地，更不会有第二次机会，这样的计划显然是不可行的。

一直以来，人们对于孤注一掷的感觉都是错综复杂的，因为高风险往往与高回报联系在一起。而冒险和赌博似乎是人类最大的天性，使得孤注一掷变成了一种充满感情色彩的行动，分外引人注目。人们既怀有对孤注一掷后果的恐惧，却又抵制不住孤注一掷回报的诱惑。然而从理性的角度上说，孤注一掷是危险和偏激的。

在股市里，孤注一掷的满仓式玩法，好处是押对了，资金迅速增加，但隐患是，即使做对了十次，只要一次做错了，也会一无所有。就像战争，玩"闪电战"，打"突击战"，都是出奇制胜的法宝，但是，如果把全部兵力都压上，孤注一掷，根本没有想好退路和后路，那么结果通常都是悲壮的。

索罗斯在自传中谈到投资的风险问题时坦言，"对于该承担多少风险，下注多少一直是个头疼的问题"，解决这个问题并无任何捷径，只有靠你自己在实践中摸索对风险的承受力，不要超出这个界限。什么是你对风险的承受力呢？最简单的方法就是问自己睡得好吗？如果你对某只股票担忧到睡不着，表示你承担了太大的风险。此时，应该卖掉一部分股票，直到你觉得自己睡得好为止。

2008年底，我在逐渐恢复元气之后，重新带着资金和梦想入市。回过头来看，那个时间点是很好的，全球股市都在“金融危机”之后迎来了大幅度的反弹，恒生指数和上证指数在不到一年的时间内基本翻番。可是在2008年到2009年的大好行情下，我依旧是没有赚到钱。总结失败的教训，问题主要出在买卖股票的方式不对，导致心态混乱——每次都是在股票“火箭发射”的时刻追高进入，而且还是满仓，通常都是当天就在追高回落中产生浮亏，第二天低开低走，承受不了这一早一晚的损失，就“止损”了。更可气的是，止损之后，股价通常就迅速回到更高的位置，似乎市场总是在和我开玩笑。

由于是满仓追进去，收盘的当晚，心里十分紧张，忙着去股吧看评论，忙着看美股是涨是跌，吃饭吃不下，睡觉睡不踏实，盯盘连厕所都舍不得上，生怕自己的账户亏钱，这样的心态怎么可能在股市生存呢？就这样，2009年又在蛮干中度过。这期间我承受了巨大的心理压力，止损，止损，还是止损，我被砍怕了，资金像割腊肉一样，越割越少，要不是大盘形势好，我肯定又得亏光所有的钱。

从那之后，我开始反省自己的错误，给自己的投资定了一个标准，那就是是否吃得下饭、睡得着觉、笑得出来。如果不是，那么自己就承担了过大的压力和负担，开始反省是不是仓位太重，交易太频繁。

做好仓位控制

仓位控制是比较具体的风险控制、资金管理手段，其核心思想也是上面提到的两点：一是不能承担自己输不起的风险，二是不能孤注一掷豪赌。

仓位控制理解起来很简单，主要难在执行。大家都知道一个道理，鸡蛋不要放在一个篮子里，原因很简单，一摔就全部摔坏了，所以鸡蛋要分开放，摔坏了一个还有另外一个。这个道理同样适用于股市投资。资金管理其实包括两个方面内容：一是你不能把所有资金一次性全部投进去，另一个是你不能只买某一只股票，押一个宝。投资股票不能有赌徒心态，因为十赌九输。稳健的资金管理就是消灭赌徒心态，比如现在这个位置，你认为大盘企稳，股票价格已经合理了，那么你可以选择几只股票分散投资，并且分批买进直到完成建仓。当你决定买一只股票而又把握不是很大的时候，可以先买一点点试试水。这样有的人可能会问，如果买进去就涨了呢？那也可以加仓。做股票切忌贪，千万不要去追求短期利益的最大化，真正能在股市里活下来并赚到钱的人，一定是有一个长期稳定的获利模式，积小胜为大胜。

我的仓位管理策略是：结合基本面和图形，评估一个有安全底线的位置，同时又是可能发动有效攻击的位置，开始建立第一笔仓位，单只股票的仓位不超过总资金的三成，单只股票的第一笔仓位在五成左右，这也是一个试错的仓位，总的思路是"倒金字塔"方式，如图3－8所示。

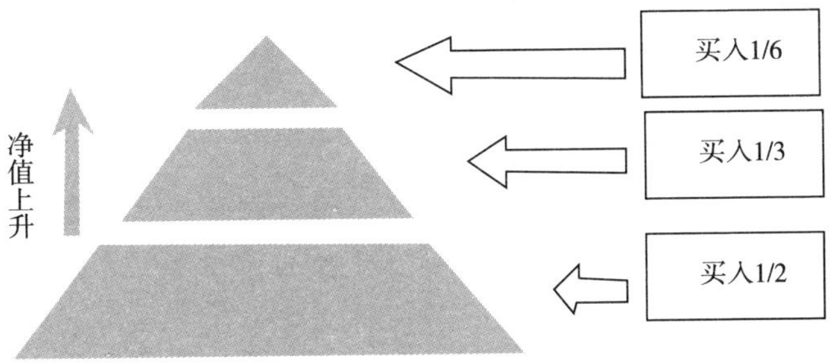

图3－8　仓位管理示意图

在仓位管理中，最重要的是第一批兵力的部署——找到一个好的时间点和一个有力的突击位置，既要很好地保护自己，又要有利于快速打击敌人。这个时间点和位置要符合以下三个条件：

首先，行业基本面和企业基本面要出现"预期要素"的兑现，而且要在股价没有反应之前，不论是外延式并购，还是内生性增长，抑或是产品价格上涨等因素，基本面预期要素即将兑现的前夜，既是好位置，又是好时点，这是从"预期兑现"的角度来考虑问题。这个环节难度很大，也是整个投资战役的核心，既要熟悉产业情况，又要深入了解企业的价值和安全边际。把握这个层面之后，基本就过滤了大部分风险，这也是为什么第一笔仓位敢于给到单只股票五成的原因。

其次，根据基本面选好位置，图形上面还要挖好一个战壕，确保看错的时候，有个掩护自己的位置。基本面的“预期要素”还没有被市场大规模认识之前，个股的成交一般很清淡，成交量稀少，人气低迷，甚至是长期低迷，可能在一个支持和阻力位置附近长期徘徊，成交量上具备完美的缩量形态，只待K线图上出现进攻的信号，那么主攻就开始了，此时就开始介入第二笔、第三笔资金。

再次，每攻克一个阻力位和成交密集区，可以视情况加上剩下的仓位，也可以视情况适当减仓。总体思路是，这个阶段要保持已有战果并及时扩大战果，视具体情况而定。这样既能避免错失大牛的行情，又能避免看错股票，及时锁定既得利润。

资金管理离不开对风险的认识和心态的控制。资金管理的实质就是心态的把握，不要豪赌，不要孤注一掷，不要玩输不起的游戏，如此就会有一个好的心态，在此基础上，做好仓位控制，基本就能够在股市生存。当然，知易行难，再好的心态和策略，也要严格执行才行。

第七节　心态管理与情绪控制

本节要讨论的话题涉及面比较广,生活、工作、投资、交友,各个方面都会涉及。一个人的心态直接决定他为人处世的方式,做事的思路,可以说一个人的言行举止毫无保留地显露了他的心态。而情绪控制则是心态管理的一个重要方面。

在投资领域,走什么道路,举什么旗帜,也是心态的集中反映。做价值投资的和做趋势投资的人心态是截然不同的,做长线和做短线的心态也千差万别。有人喜欢赚快钱,喜欢豪赌,持股超过一周都难受;有人喜欢中长线持股,厌烦天天交易带来的心理压力。同样的股市,在不同人眼里,则是“横看成岭侧成峰,远近高低各不同”。

从鳄鱼和猎豹说起

大约在6500万年前,一颗小行星撞击地球,引发地震海啸,地球开始了寒冷的冰川世纪,有时几年甚至几十年的时间里,地球上都没有阳光。食物链终于崩溃了,许多物种包括当时地球的统治者——恐龙都相继灭绝。而就在这种黑暗的地球末日中,恐龙的近亲——鳄鱼,却奇迹般地存活下来。那么鳄鱼有什么独特本领呢?鳄鱼之所以能在最恶劣的环境中生存下来,凭借的是平静、理性和耐心。

鳄鱼的行动虽然比较迟缓，但却能捕捉到行动敏捷的各种鱼类、水鸟类、哺乳类动物，甚至连灵敏的猴子和豹子也会成为它的食物。这是因为鳄鱼的攻击非常具有策略性，它通常处于平静状态中，像一节漂浮在水面上的树桩，只露出一对鼻孔和眼睛，耐心地观察水面和陆地上的动静。每当发现岸边有可捕食的动物时，聪明的鳄鱼会马上将身体躲到水面下，然后慢慢地朝动物所处的方向游去，缓缓接近目标，趁其不备时突然从水中一跃而起，将动物一口咬住，用力将其拖向水中。鳄鱼瞬间的爆发力足以令其他生物措手不及。

鳄鱼凭借其运动量小，食量小，捕猎时用最少的体力消耗获得猎物等特点，在冰川世纪食物极度短缺的恶劣环境中，得以逃脱灭绝的命运，完胜擅长竭力奔跑的霸王龙。

再来看看猎豹，猎豹是世界上跑得最快的动物，它目光锐利，行动敏捷，爪齿锋利，擅长奔跑与攀爬，跑动起来速度惊人，能够捕捉草原上的绝大部分动物。但是猎豹并不是蛮干，它会等到有把握时才出击，为了那个正确的万无一失的时刻，它可以等待一周。

鳄鱼和猎豹的成功经验告诉我们的一个重要道理就是：投资要有耐心，等待最佳的出击时机，利用最少的交易成本获得弱市中有限的交易利润。这就需要绝佳的心态管理与情绪控制。

心态是什么

心态就是在一定心理素质基础上的生活态度。“阳光心态”“正能量”“空杯心态”“消极心态”“鸵鸟心态”等都是常见的关于心态的词汇。心理素质受个人从小到大的家庭环境、社会环境、受教育程度、社会阅历等因素的综合影响。在逆境中成长的人，面对困境时往往能够勇敢面对；在顺境中成长的人，面对困境时往往会胆却、退缩。

如图 3 -9 所示，心态并不是一成不变的，而是循环往复，伴随人生起伏，演绎人生的高潮与底谷。这就涉及心态管理与心态调整的问题。

心态管理因人而异，但总体而言，心态调整是一个艰苦的过程。或许我们都有这样一种感受。当我们去劝导别人时，我们总能滔滔不绝地讲出一

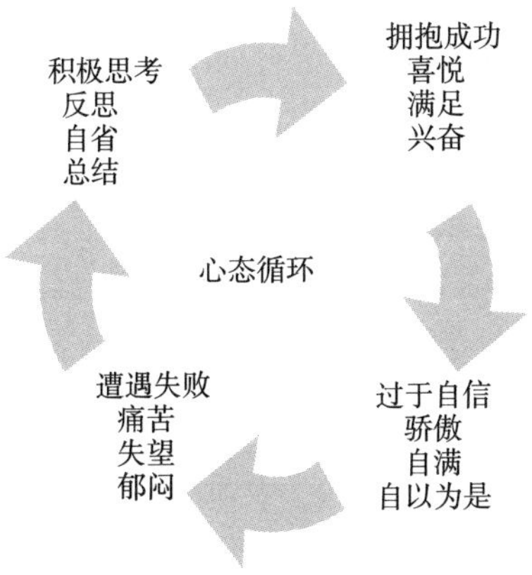

图3－9　心态循环图

千个理由、一万个理由，告诉别人如何面对生活、如何克服困难；而当我们遇到困难时，却很难调整好自己的心态。之所以会出现这种情况，是因为心态调整的过程，实质就是心理素质调整的过程，是人们性格的重塑过程。

心态演绎股海人生

心态调整的重要性，对各行各业来说都是一样的。巴鲁克、索罗斯、彼得·林奇等投资界大腕当年都有过惨败甚至破产的经历，可是他们能迅速调整心态、情绪，继续战斗，最终成就投资传奇。

首先来看看，在股市涨跌大循环的过程中，大多数人的心理和心态变化历程。图3－10是引自网络的一张散户心态变化图，伴随股市起落，在不同阶段，股民则对应着完全不同的心态与情绪，从中我们可以看出大部分散户亏损的原因。要想改变这种窘境，应首先从心态控制开始，向鳄鱼和猎豹学习，练就股市生存的心态。

此外，在股民中还有一个奇怪的现象，那就是高学历、金融科班出身的专业人士炒股不一定都是赚钱的，甚至亏损累累的也大有人在。按理说，学投资和金融出身的高才生，有着丰富的理论基础、财务知识、企业管理知识，可以说已经被知识武装到牙齿，为什么还不能大概率地战胜市场呢？这里面就有一个"心态"的问题，当一个人的心态被过度自信、贪婪、幻想占据之后,就失去了基本的思考能力,进而会做出一些非理性的举动。另外,股市中需要的“坚韧”“自信”“屡败屡战”等方面的品质不是读书多就可以练成的。

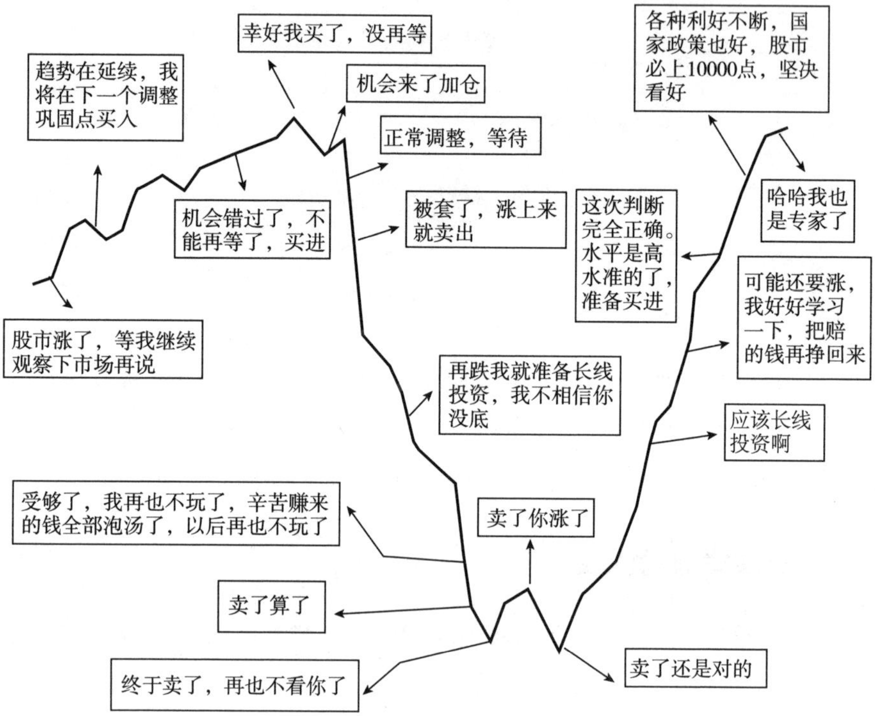

图 3－10　经典散户心态图

注:本图改编自流传于网络的一幅经典散户心态图。

股市中,每一次成熟的理性思考,每一个经得起考验的交易策略,都是在无数次磨合中打造的,都是花了无数的学费得来的。到最后,好心态就是“笑看风云、宠辱不惊”,不经历几番生死考验,哪来的从容淡定?

投资最需要的心态:耐心

无论做什么事情,都需要一份耐心,一份坚持,一份等待。

做投资,最难的不是选到黑马股,也不是买到涨停板。最难的是,在你拿不准的情况下,能够耐心等待,等到看得准、看明白的时候再去买。等的过程就是一个信心聚集的过程,你有了信心,自然就不怕等了。很多失败的投资决定,都是在缺乏耐心,慌乱之中做出的。

耐心不是天生就有的,又与大多数投资者一夜暴富的心态相冲突,因此,人们常因担心错失买卖时机而追涨杀跌、盲目跟风,结果却是错上加错,损失加大。不过,耐心是可以培养的,只要有“任凭弱水三千,我只取一瓢饮”的态度,只追求真正属于自己的机会,耐心和进取心之间也可以适当协调。巴菲特一生做对了十几次大的投资决策便可成为世界级的一代股王,我等凡夫俗子,又何必操之过急呢?

搏杀于股市,我们的对手其实就是我们自己。如果能够战胜人性的弱点——恐惧与贪婪,就可以增加获胜的概率。投资活动是一盘永远也下不完的棋。成功者要像棋坛高手一样,沉得住气。既然知道这是一盘永远也下不完的棋,那么就让我们耐心一些,耐心是一种成熟的标志。

第八节 战略的眼光，做实业的心态

关于投资者应具备的素质，德国著名投资大师科斯托拉尼的看法是："对于投机者来说，想象力是多么的重要。如果他已经想好了某种策略，那么他就要坚信自己的想法，不应该被朋友或者某种说法和当天的重要的事件所动摇，否则最天才的考虑对他也不起作用。"这里他所谈的"想法"其实质就是"眼光"——对股市、行业、企业的看法和见解决定了你能够走多远。

用战略的眼光、从价值的本质看市场

我的投资思路可以总结为：战略上用望远镜看大方向，战术上用显微镜看企业。如果只盯着战术，忽视战略大方向，就容易犯低级和短视的错误。

对于投资者来说，最了不起的能力莫过于找出投资标的的真实价值。做一名真正的投资者，要认清短期和长期市场表象的意义，懂得分析股票的内在价值才是重点。

"股票市场长期看是一个称重机，但很多时候它只是个投票机。"股票内在价值对价格的影响长期看是有效的，但短期价格受到供求关系等因素影响，围绕价值中枢波动。这是个极易被忽视的常识。归根结底，股票市场不是投票机，而是称重机。市场的非理性繁荣并不能使估值标准发生改变，最终任何股票的价格只能与该股票能给投资者带来的现金流的价值趋向一

致，真实价值最终会胜出。

投资者和市场的关系是：投资者最大的敌人不是市场而是他自己。如果投资者在投资时无法掌握自己的情绪，受市场情绪所左右，即使他具有高超的分析能力，也很难获得较大的投资收益。

格雷厄姆告诫投资者：假设你和"市场先生"是一家私营企业的合伙人。每天"市场先生"都会报出一个价格，提出他愿以此价格从你手中买入一些股票或将他手中的股票卖给你一些。尽管你所持有股票的合伙企业具有稳定的经济特性，但"市场先生"的情绪和报价却并不稳定。有些日子"市场先生"情绪高涨，只看到眼前光明一片，这时他会给合伙企业的股票报出很高的价格；另外一些日子"市场先生"情绪低落，只看到眼前困难重重，这时他会给合伙企业的股票报出很低的价格。此外，"市场先生"还有一个可爱的特点，就是他从不介意被冷落。如果"市场先生"今天所提的报价无人理睬，那么他明天还会来，带来他的新报价。处于这种特定的环境中，你必须要保持良好的判断力和控制力，与"市场先生"保持一定的距离。当"市场先生"的报价有道理时，投资者可以利用他；如果他的表现不正常，投资者可以忽视他或利用他，绝不能被他控制，否则后果不堪设想。

人生也是如此！短期看一个人的价值，是当时人们"投票"的结果，体现为他也许"非常有钱""非常有地位"，是人们追逐和羡慕的对象。但长期看一个人的价值，很多人当时并没有获得多少理解和支持，但是最终对某一领域或某一群体或整个社会的进步做出了很大的贡献，给我们留下了真实的财富和无限的敬仰。

用做实业的心态、从企业家的角度看行业与公司

投资中最大的感慨莫过于"好股票拿不住""急于买进被套"，其实这都是没有耐心的表现。股票拿不住，是因为你不知道股票是"好股票"，没有理解股票好在哪里，因此没有耐心和信心持股，半途稍有风吹草动就匆忙出局了，往往大牛股就是这么错失的。没有耐心，同样会表现在急匆匆地买入股票，现金留在手里哪怕几天都不舒服，买成股票就是套了也安心。解决这个问题，还是要从实业和产业的角度出发，把自己当成一名做实业的，甚至是

企业家，再去看行业和公司，这样信心和耐心就会逐步培养起来。

作为一名中长期投资者，因为看好某一个行业或公司，所以买入该公司的股票然后长期持有，等待公司的发展。从本质上看，长期投资者实际是一个间接的产业投资者或隐性企业家，除了不参与公司的具体经营，长期投资与实际的产业投资者和产业经营者，本质上无差别。企业家靠智慧和毅力，而赌徒完全靠运气，投机者的成败虽然不完全靠运气，但运气是最关键因素。

作为长期投资者，要多看多听，多学企业家具备的知识理论与技能，日常生活中要想一想，企业家会关心什么，思考什么，关心企业家关心的问题，思考企业家思考的问题，从心态、知识、理论、行为方式上按企业家的标准要求自己，逐渐让自己从内到外转变成一个企业家。

当公司召开股东大会时，你要提醒自己，你是这个公司的隐性董事长，你不能不参加大会。你要尽可能与公司产品的用户、经销商建立关系，隔三岔五地与他们交流，了解用户对产品的感受和评价，了解经销商对公司的评价。因为你是公司的董事长，是企业家，不了解这些你就算不上企业家。你还要通过与用户和经销商沟通，全面了解公司的竞争对手。如果你发现竞争对手比自己所投资的公司明显要好，且对方也是上市公司，你可以买入竞争对手的股票，这相当于你对整个行业进行投资。

在你投资的过程中，无论买入、卖出、持有，所有决策过程都按企业家的标准来操作。你买的时候，哪怕只买一股，你也要把它当成你一个人买下了这家公司来对待。当你真正有了企业家的心态之后，长期投资过程中的一切问题都将迎刃而解。

当你真的用企业家的心态思考，产品竞争优势、公司的治理结构、公司核心竞争力变成了你关注的重点后，股票涨跌你自然就不关心了。

Chapter Four

第四章

研究:“3231”投研体系,让军工股不再神秘

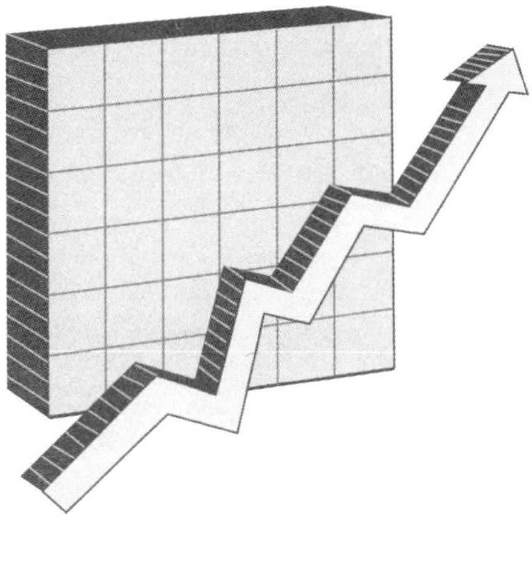

第一节　“3231”投研体系概述

2014年是军工股集体爆发的一年,也是军工改革的元年。从中国重工到成飞集成的资产注入,预示着中国资本市场今后将迎来军工股证券化的浪潮,这是历史的潮流和时代的要求,也是中央政府强力推行的事情。2014年开始的5~10年,军工股将要面临“价值重估”和“估值体系重构”。

笔者认为,军工股的大趋势持续时间至少有5年,这样一个发展确定性如此强的行业,这样一个处于改革元年的大产业,值得我们花时间和精力去系统地梳理投研思路,尝试建立自己的分析框架和估值体系。结合自身多年的投资经验与教训,笔者总结了“3231”军工股投研体系——三种业务类型划分,两种价值成长路径,三种估值方法,一句话操作要诀。

三种业务类型划分

笔者将军工板块划分为“纯正军工股”“概念军工股”和“民营军工股”三种类型,作为军工股投研体系的基础框架,在此基础上,分门别类,建立分析逻辑和估值体系。

根据“军品业务占比”,可将军工股划分为“纯正军工股”“概念军工股”两种。60家军工股里面前者约占三分之一,数量在20家左右;后者约占三分之二,数量在40家左右。

“纯正军工股”的代表有中国重工(601989)的军船业务,中国卫星(600118)的卫星业务,成飞集成(002190)的军机飞弹业务,国睿科技(600562)的军用雷达业务。这类公司的特点是产品和服务直接面向军队和作战单位。

“概念军工股”,多是拥有十大军工集团大股东的背景,有着说不完的“重组和资产注入”的故事,或者是和军工集团有朦胧关联的其他企业,时而宣布“获得军工资质”,时而传言“××注入预期”。这类股票大部分都离不开炒作的宿命,也有通过注入资产成为真正的军工企业的,如当年的中国船舶(600150)、中兵光电(现为北方导航)(600435)。

从“控股股东背景”来看,军工股可分为“传统军工股”和“民营军工股”。“民营军工股”被市场用“民参军”这个词汇来概括,这个概念是最近几年才有的新词汇。国家逐步开放军品市场对民营资本的限制之后,涌现了很多优秀的民营军工股,这个分支是未来军工股的大亮点,优秀代表有高德红外(002414)、四创电子(600990)、机器人(300024)、海兰信(300065)。

两种价值成长路径:外延扩张,内生增长

对于军工股来说,似乎永远都是通过“资产注入”和“并购重组”两种方式来实现所谓的“外延扩张”。那么,军工股的“内生增长”在哪里?这也是市场上价值投资者多年来对军工股的疑虑所在——概念好,主题好,前景好,可就是见不到利润和增长。

笔者认为,未来军工股的内生增长将不断呈现在投资者面前。这些增长主要来自“纯正军工股”和“民营军工股”中的优秀代表。前者通过资本市场运作,主营业务是军品,受益于军费增长和军工企业战略地位逐步上升的大趋势;后者受益于国家政策的逐步开放和民营企业自身的天然优势。

军工股的“外延扩张”模式很有诱惑力,一旦运作成功,涨幅惊人。历史上的中国船舶(600150)、洪都航空(600316)、中兵光电(600435)、中国重工(601989)、成飞集成(002190)一再证明了这种路径的诱惑力。但缺点是,军工股的信息不透明。

三种估值方法:市值比对、市净率、市销率

“3231”投研体系中主要采用市值比对、市净率和市销率三种方法来给军工股估值,并且应用对象是“纯正军工股”和“民营军工股”两类“长周期、稳步成长”型军工股。

市值比对法目前在A股市场是一种有效的估值方法,可以应用于对大部分股票的估值和分析。市值是众多投资者在一定时期内对企业价值的评估,侧重于相对的“量级”而非绝对值的高低。市值的意义在于量级比较,而非绝对值。

军工类股票是重资产类型企业,和传统制造业有相似之处,该类企业以净资产估值方式为主,盈利估值方式为辅。市值和净资产的比较能够很好地反映该类股票的估值状态。市净率要在比较中才有意义,绝对值无意义。净资产要做剔除处理,以反映企业真实的经营性资产结构。

用市销率来衡量军工股的估值是因为军工股大部分是“增收不增利”,甚至是“有收无利”,这是军工股的硬伤。可是在板块内部,必须解决如何衡量一个公司的创收能力和产品竞争力的问题,而市销率天然就是适合军工股的。

一句话操作要诀:基本面、市场预期、大众情绪

军工股的操作要诀是:基本面确定安全边际,市场预期决定上涨空间,大众情绪决定买卖时机。

“基本面确定安全边际”,主要应用于“纯正军工股”和“民营军工股”中的优秀企业,“概念军工股”的安全边际确定难度较大,目前笔者从安全边际的角度选股的话,会尽量避开这个类型。应用市值法、市净率和市销率三种估值方法确定企业的安全边际,这是操作股票的前提,不论股价如何波动,牢牢把握安全边际这根主线,买入和卖出就有了参考依据。

在具体操作中,会发现不论是从价值、趋势角度,还是从投资及投机的角度看,某只股票都具备阶段性的交易机会。此时,“市场预期决定上涨空间”,投资者要搞清楚预期的是什么——价值成长、主题刺激或资产注入重

组，所预期的内容可靠性有几成，可能的力度有多强，尽量从定性和定量两个角度来把握。总之，要知道自己在干什么。

“大众情绪决定买卖时机”，是指股市高卖低买的精髓就是要根据大众情绪反向操作，人弃我取，人取我予，特别是军工股这种多靠“主题刺激”和“注入预期”催生行情的领域，巨大的波动性决定了“大众情绪决定买卖时机”战略的有效性。大家不看好，行情长期低迷的时候，逢低吸纳，大众疯狂之时逢高沽出，永远都是有效的战略方法。

第二节　三种业务类型详解

三种类型军工企业分别为"纯正军工股""民营军工股"和"概念军工股"企业，划分的依据是综合考虑军品业务占比和控股股东背景两个因素。本节所涉及的企业都是笔者有把握的且长期跟踪的企业，还有很多不错的上市公司，因暂时还没有精力去跟踪，在这里就没有列出来。财务数据主要来自2013年财报，部分来自2014年中期报告，市值数据为2014年7月31日收盘价格计算所得。

三种军企之"纯正军工股"企业

"纯正军工股"主营军品业务，涉及的业务主要集中于军用舰船、战机、航电和航控系统、军事卫星、军用光电和导航系统、导弹及雷达和陆战机动平台等领域。下面主要介绍上市军工股中主营业务突出、专注军品领域的公司。

- **中国重工：主战水面舰艇**

中国重工（601989）为中国海军提供了大部分的主战舰艇，并且是超大型水面舰艇的垄断生产商。公司在舰载武器装备关键技术、舰船用配套产品技术方面拥有大量高质量科技成果和自主核心技术，产品包括舰艇用柴油机及部件、舰载武器发射装置、舰艇用导航设备、舰艇用通信设备、军用加固计算机、舰艇用传动装置等多种军用舰船装备。中船重工集团将下属的大船重工、渤船重工、北船重工和山船重工四大骨干船舶造修企业相应股权注入后，中国重工已成为全国唯一的全产业链的舰船和海洋工程制造企业。

- **中航动力：中航发动机整合平台**

中航动力(600893)主营航空发动机、燃气轮机、航天发动机及其零部件，定位于中航工业旗下航空发动机资产整合平台。在未来5~10年中，国内直升机、新型号作战飞机、军用运输机、民航大飞机等新装备机型，以及原有飞机升级和维修，将会产生大量发动机需求。发动机是飞机的四大组成系统之一，一般占飞机总价值的20%~25%，中航工业规划至2020年实现1万亿元的销售收入，航空发动机板块的收入规模将达到1500亿~2000亿元。

- **中航电子：航电龙头**

中航电子(600372)主营航电产品，包括航空、航天、舰船、兵器等领域机械、电子类产品的研制、生产、销售及服务。中航电子是我国航空电子领域的龙头企业，依托中航工业集团的技术和资源优势，处于行业垄断地位。航电业务将充分受益于我国航空产业的飞速发展，国产新机型的增加和航电产品的更新换代将成为公司航电业务的主要增长点，未来低空空域开放以及国产大飞机的投产将成为公司新的增长空间。

- **中航飞机：大飞机龙头**

中航飞机(000768)致力于打造军民融合型的民用飞机、军用飞机两大产业体系。2013年是公司完成资产重组正式运营的第一年，整合了西飞集团公司、陕飞集团公司、中航制动、中航起等四家公司航空业务的相关资产。公司作为我国大型运输机的唯一制造商，多种产品属于我军主力核心机型，空中力量的加速建设将为公司贡献大量军品订单。

- **中国卫星：卫星制造龙头**

中国卫星(600118)是“卫星制造国家队，北斗应用排头兵”。中国卫星致力于1000公斤以下小卫星及微小卫星的研制与生产，主要产品包括以CAST100、CAST968(CAST1000)以及CAST2000为代表的三类小卫星柔性平台,可满足对地观测、海洋观测、空间科学、通信、技术试验等多领域的应用需要。截至2013年底,已成功发射42颗现代小卫星,占据国内市场份额的80%,剩余市场份额主要由公司大股东航天五院控股的其他公司研制生产,而这部分资产有望未来通过资产重组的方式注入中国卫星这个上市平台。

• 北方导航:导航控制骨干企业

其前身“华北光学”建于1960年,是首家整体上市的军工企业。北方导航(600435)主要以光纤、激光、微机械陀螺等惯性技术及相关控制技术应用为重点,开展惯性器件及惯导系统、卫星定位及导航系统、航空炸弹、通信系统的工程化研制、生产经营与市场拓展,开展制导火箭、制导航弹、灵巧弹药、智能化弹药和无人机、无人车等无人平台等领域的研发与市场开拓,积极拓展惯性导航、控制技术与通信技术的民用市场。

• 中直股份:直升机资产平台

中直股份(600038)主营军民用直升机,是中航工业集团直升机板块唯一的上市公司,有望成为直升机板块资产整合的平台。2012年7月,哈飞股份公告,拟以定向增发股票购买资产的方式,注入昌河航空、昌飞零部件、惠阳公司、天津公司等4家公司100%的股权以及哈飞集团的部分资产,注入完成后公司将基本实现集团民用直升机整机和零部件资产的全覆盖,核心产品除了原哈飞的“Y12”系列飞机、“直9”系列,还增加了“直11”“直8”以及其他新型直升机产品。

• 中航动控:中航动力控制系统平台

中航动控(000738)是中航工业航空动力控制系统板块运营管控与资本运作平台,是国内唯一一家从事航空动力控制系统研制、生产、销售及服务的企业,公司80%以上的资产都属于军品,除去外购的航空发动机外,国内所有的军用飞机的控制系统都是由中航动控制造。我国航空发动机产业目前已经受到国家高度重视,航空发动机国家重大科技专项的出台为公司的长远发展奠定了基础。

• 航天电子:航天遥控遥测

航天电子(600879)主营航天专用产品,遥测遥控产品占我国航天卫星火箭发射配套市场的90%以上，具有专业技术垄断优势，是军用卫星导航系统的主要供应商。公司在无人机领域技术领先，无人机业务将成为公司今后重要的利润增长点。

三种军企之“民营军工股”企业

引入民营资本参与军备建设，走军民融合发展道路，是国内军工产业发展的大趋势。笔者认为，这个分支将是未来军工股的大亮点，也是军工成长股的沃土，并且已经出现了一批明星企业。如高德红外（002414）的红外核心技术不断取得突破，打破了国外相关领域的技术封锁和产品垄断，军用红外产品得到了政府和军队的大力支持和肯定；海格通信（002465）在军工信息化领域逐年渗透，已经形成了巨大的竞争优势；机器人（300024）在武器装备智能化领域一直探索和开拓，产品已经得到了军方的高度认可；中海达（300177）在海洋领域形成巨大的商业竞争力之后再向军品市场拓展是水到渠成的事情。这类企业走的道路是：民参军，军促民，军民融合——这也是新时期中国军工发展的有益探索。

• 高德红外：红外夜视设备

高德红外（002414）在军用红外成像设备及关键器件领域拥有核心竞争力，在国内率先完成某新型完整武器系统的研发工作，现为国内唯一一家取得武器系统总体资质的民营企业。公司的红外焦平面探测器产业化项目将在国内率先实现年产非制冷焦平面探测器150万片的产能，在军工领域将全面完成进口替代。

国家领导人及军方高层近年来多次到公司调研，一方面标志着国家引入民营资本参与军队装备建设的战略正在加快实施，另一方面也突出了高德红外在民资军工行业中的龙头地位。公司量产焦平面探测器之后，将驱动民用车载红外夜视和安防夜视改造市场快速发展。

• 海格通信：军事通信北斗导航

海格通信（002465）是老牌军工信息设备商，业务主要围绕军用通信技术展开。无线通信业务收入将保持10%～20%增速。无线通信业务是公司的传统业务，优势明显，公司短波电台技术基本与国际先进水平同步，在国内市场占有率最高，在30%～40%。军用无线电台业务平稳增长，收入将保持10%～20%的增速。北斗导航业务2014年进入高速发展期。公司北斗导航已构建了"天线—芯片—模块—终端—系统—运营"完整北斗产业链，产品以军用为主，也有少量行业应用。公司中长期发展将受益于未来"武器系统化、国防信息化"的建设。

- **机器人：装备智能化**

公司机器人（300024）技术源自沈阳自动化研究所，以自动控制技术为核心攻克共性关键技术，通过创新应用形成工业机器人及其成套装备、物流与仓储自动化成套装备、自动化装配与检测生产线和交通自动化系统，是技术聚焦型企业。在军品领域，公司特种机器人项目进度符合预期，用户对项目执行过程中定期检查结果表示满意。目前，公司还在接受客户委托进行多种型号特种机器人的预研。在轨道交通领域，公司拥有计算机系统集成一级资质（第一家非计算机服务和软件行业获得此项资质的企业），可总承包国内地铁综合监控系统、国铁大项目、政府信息化、智能交通系统集成等重大项目。

- **中海达：测绘龙头**

中海达（300177）是国内测绘地理信息技术装备领域第一家，也是迄今为止该领域唯一一家上市企业。公司设有业内唯一的企业博士后工作站，与中科院水声研究所、武汉大学、西南交通大学、中南大学等科研院所建立联合实验室等研发机构。公司的双频GPS接收测量技术、高精度GIS数据采集处理技术、超声波测深测量技术等被评定为"国内领先，国际先进水平"。公司围绕"产品+系统工程+服务"三层盈利模式，深耕"测绘勘探、海洋探测、地理信息、系统工程"四大业务领域；涵盖数据采集、数据提供、数据应用及解决方案等全产业链。受益于"民参军"政策，公司获得"武器承制单位注册证书"，声呐、三维激光、高精度测绘等产品将对军方供货。

三种军企之“概念军工股”企业

典型的概念军工股指的是控股股东属于十大军工集团之一,但是主营业务并不是军品,这是历史和现实条件的产物。在20世纪七八十年代,中国政府中的核工业部、航天工业部、兵器工业部等部门就是现在十大军工集团公司的前身。在改革开放的过程中为了转变政府职能,把这些部门改为公司,即中国核工业总公司、中国航天工业总公司、中国航空工业总公司、中国船舶工业总公司、中国兵器工业总公司,这就是原来的五大军工集团。1997年,为了引入内部竞争机制,这五大军工集团均一分为二,形成了军工十大集团公司。后来中航一、二集团合并为中航工业集团,就变成了九大集团,现在提的十大集团,包括了中国电子科技集团。每个集团有很多下属公司,为了摆脱军工业务连年亏损的局面,集团内部经过不断调整结构,开拓民用市场,将其中一些资产陆续打包上市。

如中国航空工业集团公司的中航三鑫、中航地产、飞亚达、深天马等,中国兵器装备集团公司的中国嘉陵、湖南天雁(原ST轻骑)、利达光电、西仪股份,这些公司没有核心盈利的军品业务,民用业务竞争力很弱,长期挣扎在亏损的边缘,通常为了保壳,在ST后,集团公司通过资产注入手段,将部分军品资产打包注入上市公司,从而使得公司“乌鸡变凤凰”,这也是资本市场将军工股定性为“题材炒作”的重要原因。

第三节　两种价值成长路径

谈股票离不开利润和成长,离不开价值和估值。在三种类型的军工企业中,笔者的看法是:成长性看民营军工股,稀缺性看纯正军工股,主题炒作看概念军工股。企业成长体现在几个方面:企业规模、营业收入和利润、市场占有率,成长方式有“内生性增长”和“外延式增长”两种。下面以成飞集成(002190)为例,介绍“外延式增长”的方式;以中国卫星(600118)、中航动力(600893)、海格通信(002465)、机器人(300024)和中海达(300177)为例,谈谈“内生性增长”方式,其中,中国卫星和中航动力为纯正军工股,后几个为民营军工股的典型,海格通信和中海达同时涵盖北斗导航产业链。

从成飞集成看军工股的外延式增长①

下面从公司主营业务、营业收入和利润、市场占有率等几个方面分析成飞集成是如何通过外延式增长实现企业质的飞跃的。

从整合后的业务来看,公司主营业务变更为防务飞机总装,成飞集成(中航防务),成为中国生产战斗机的公司,包括三代、四代和五代机的研发和生产,同时公司也是未来航母战斗群的舰载机生产基地。本次资产重组,将使公司成为集团防务业务核心资产的上市平台,战略地位大幅提升,成为

---

① 以下内容根据2014年上半年公司重组预案编写,但2014年底重组终止。

航空工业的排头兵。

成飞集成重组前主营模具、系统集成和数控产品，业务乏善可陈，业绩平平。2014 年 5 月，公司资产重组，由成飞集成向中航工业、华融公司及洪都集团三家资产注入方定向发行股份，购买沈飞集团 100% 股权、成飞集团 100% 股权及洪都科技 100% 股权，实现了中航工业最核心的资产——防务业务主体资产的证券化。下面我们主要分析注入成飞集成的是什么资产。

沈飞集团主要经营航空产品研制业务，核心业务是以重型歼击机（战斗机）为主，逐步向舰载歼击机拓展，形成了较为完整的歼击机产品系列，代表产品是歼 11 和歼 11B。沈飞集团还经营民用航空零部件生产业务，该项业务产品主要包括 A320 机翼前缘、B737－48 段、B787－8 段垂尾前缘、Q400 尾段及机身对接等。

成飞集团是我国轻型歼击机（战斗机）主要研制基地之一，确立了军机、民机和非航空民品齐头并进的产业发展格局。在军机研制方面，成飞集团先后研制了歼 5 系列、歼 7 系列、枭龙系列（中巴合建）、歼 10 系列等数十种型号歼击机，形成了结构合理、持续创新的歼击机系列产品。

洪都科技的主营业务为空面（空地、空舰）导弹研制，承接了洪都集团与空面导弹业务相关的全部资产、人员及管理体系，拥有“近—中—远”系列化发展的空面导弹产品谱系，并通过技术合作及自主研发不断拓展产品系列。

从注入标的的营收和利润看，注入前后成飞集成发生了重大的变化。

根据公告信息，成飞集成重组前 2013 年营业收入 7.79 亿元，扣非净利润 748 万元，总资产 30.9 亿元。沈飞集团 2012 年和 2013 年收入分别为 110.2 亿元和 116.2 亿元，归属净利润分别为 3.65 亿元和 2.9 亿元。成飞集团 2012 年和 2013 年收入分别为 73.9 亿元和 91.3 亿元，归属净利润分别为 2.51 亿元和 3.74 亿元。洪都科技 2012 年和 2013 年收入分别为 3.5 亿元和 12 亿元，归属净利润分别为 1465 万元和 2965 万元。

以 2013 年的营收和利润数据来对比，成飞集成营业收入 7.79 亿元，净利润 748 万元，沈飞集团分别为 116.2 亿元和 2.9 亿元，成飞集团分别为 91.3 亿元和 3.74 亿元，洪都科技分别为 12 亿元和 2965 万元，注入的资产营收和利润总和分别为成飞集成的 28 倍和 92 倍。

从资本市场对本次重组的态度看,成飞集成从复牌时的16元左右,最高上涨到72元,以2014年8月6日收盘价格计算,完成增发后市值超过800亿元,与主营军船业务的中国重工市值相当,今后将是资本市场军工股的龙头股之一,与中国重工一起,构建起A股市场的军工蓝筹股群体。

此次资产注入以后,根据成飞集团、沈飞集团、洪都科技及公司原有业务的发展,预测公司2014—2016年营业收入为225.88亿元、293.64亿元和381.73亿元,净利润为7.96亿元、10.39亿元和13.53亿元。2014年营收增长30倍,净利润增长百倍,企业从一个默默无闻的军工配套企业一夜之间变成了中航工业集团的防务资产平台,属于典型的通过"资产注入"和"并购重组"两种方式实现外延扩张。

军工股内生增长的典型路径

军工股的内生增长在哪里? 笔者认为,军工股的内生增长模式今后主要来自纯正军工股和民营军工股。

● 纯正军工股的内生性增长

对于纯正军工股的内生性增长,我们从中国卫星和中航动力的发展路径可见一斑。[①]

中国卫星主营1000公斤以下小卫星及微小卫星的研制与生产,截至2013年底已成功发射42颗现代小卫星,占据国内市场份额的80%。近四年营业收入分别为48.0亿元、42.6亿元、36.1亿元、30.3亿元,净利润分别为2.51亿元、2.26亿元、2.11亿元、2.02亿元,营业收入复合增长率16.6%,利润复合增长率7%。

中国卫星2013年卫星和航天产品营业收入47.9亿元,收入占比99.77%,营业利润5.44亿元,利润占比98.28%,毛利率11.36%,总市值233.19亿元。

中航动力主营航空发动机及其零部件,定位于中航工业旗下航空发动

① 下面提到的股票数据依次是2013年、2012年、2011年和2010年的数据,市值数据根据2014年7月31日收盘价格计算所得。

机资产整合平台，为中航工业旗下发动机业务领域唯一的上市公司，拥有包括“太行”发动机在内的全系列航空发动机生产能力，受益于军队装备更新换代引发的航空发动机需求大幅增长。近四年营业收入分别为79.3亿元、71.0亿元、68.1亿元、60.9亿元，净利润分别为3.20亿元、2.73亿元、2.53亿元、2.00亿元，营业收入复合增长率9.27%，利润复合增长率16.5%。

中航动力2013年航空发动机含衍生产品营业收入39.7亿元，收入占比50.12%，营业利润9.43亿元，利润占比79.78%，毛利率23.74%，总市值481.92亿元，流通市值268.62亿元。

以中国卫星和中航动力为代表的纯正军工股，主营军品业务，营收稳定增长，三年复合增长率分别为16.6%和9.27%；利润稳中有升，三年复合增长率分别为7%和16.5%。从营收和利润看，依靠军品业务实现了内生性稳定增长。

- **民营军工股的内生性增长**

对于民营军工股的内生性增长，这里以海格通信、机器人和中海达为例进行解读。它们是优秀的民营企业代表，通过在民营领域积累技术优势，完成向军品业务领域的拓展，分别在军事通信、军备智能化和海洋装备方面取得了巨大进步。

海格通信主营通信软硬件产品和北斗导航产品，已经在军事通信领域和北斗应用领域形成了巨大的竞争优势，近四年营业收入分别为16.8亿元、12.1亿元、10.00亿元、9.66亿元，同比增长39.02%、21.16%、3.50%，净利润分别为2.54亿元、2.09亿元、1.81亿元、2.05亿元，同比增长21.59%、15.54%、-12.03%，营业收入复合增长率21.2%，利润复合增长率8.37%。

机器人主营工业机器人及相关设备，拥有计算机系统集成一级资质，部分自动化产品已经获得军方供货资格，近四年营业收入分别为13.2亿元、10.4亿元、7.84亿元、5.52亿元，同比增长26.30%、33.29%、41.91%，净利润分别为2.22亿元、1.32亿元、1.06亿元、8109万元，同比增长68.00%、24.21%、31.15%，营业收入复合增长率33.8%，利润复合增长率41.12%。

中海达围绕“产品+系统工程+服务”三层盈利模式，深耕“测绘勘探、海洋探测、地理信息、系统工程”四大业务领域,声呐、三维激光、高精度测绘等产品将对军方供货,2010 年开始,营业收入复合增长率 30%,利润复合增长率 33.74%。

海格通信、机器人和中海达不是纯粹的民营军工企业,都是以民用技术为本,拓展军品市场,民营资本参与军工开发的代表性企业。这种发展方式是未来的大势所趋,也是这类公司持续成长的主要动力之一。在军工信息化、装备智能化的今天,这类民营企业迎来了巨大的发展空间。对应资本市场,这个领域也是成长股的沃土,这一变化是今后军工行业的巨大变化之一。如在北斗导航产业链中,诞生了海格通信、中海达和合众思壮等一批成长股,立足民品,开发军品,走军民结合的发展路径。海格通信近三年营业收入复合增长率 21.2%,利润复合增长率 8.37%,中海达分别为 30% 和 33.74%,通过聚焦主营业务实现了公司内生性增长。

必须强调的是,虽然军工股的外延扩张模式很有诱惑力,但缺点是,该类军工股的信息不透明,比如成飞集成重组成功,事先有多少人能够分析出来?这种模式常常出现在拥有十大军工集团大股东背景的部分概念军工股身上,成功了,公司就脱离概念进入到纯正军工股的队伍中来;不成功,就只是被炒作一把,最后尘归尘、土归土。

具体到投资机会的分析,笔者喜欢确定性的机会,不论是行业还是个股。对于今后的军工领域,从确定性的角度来看,笔者最看好北斗导航产业链和民营军工的成长性投资机会,这两个领域今后将会出现很多内生性增长的军工成长股。

第四节　三种估值方法

近年来，我思考最多的就是如何给企业合理估值，尤其是军工股，使用什么样的指标和方法能够比较准确地反映企业的发展实力和经营状况，从而反映它的真实价值呢；为什么不同行业的企业估值存在这么大的差异；军工股应该采取什么方法估值才能反映军工企业的真实状况等。

对于概念军工股和外延式增长的范畴，业绩、估值和资产这里不做讨论。我对军工股的估值主要是针对内生性增长的纯正军工股和民营军工股，采用市值比对法、市净率和市销率三种估值方法，建立军工股的估值框架，核心思想是：用市值看成长空间，用市净率看资产质量，用市销率看企业价值。

概念军工股本身的业务乏善可陈，经营状况一般，经常挣扎在亏损的边缘，这类企业营收和利润表现较差，到最后就是凭借壳资源“凤凰涅槃，浴火重生”。一般重组前难以用市值比对、市净率和市销率中的任何一种方法进行估值。对于纯正军工股和民营军工股，主营业务突出，企业资产良好，具备估值的基础条件。

市值比对法

用市盈率估值是经过时间和实践检验的估值方式之一，具备诸多优点，

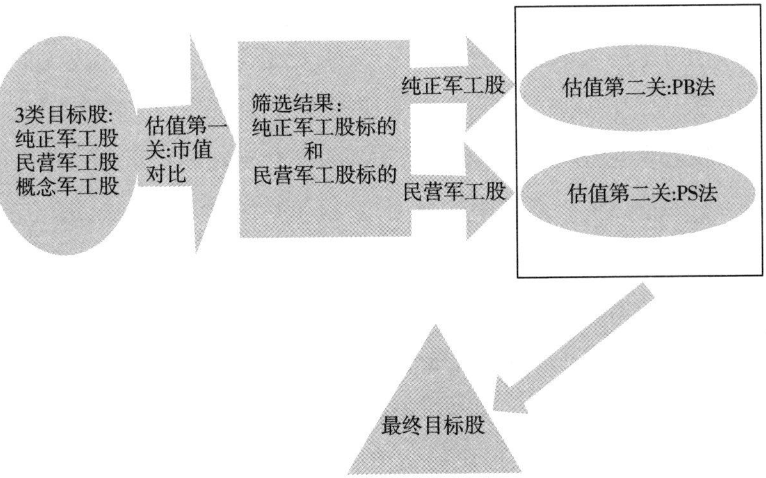

图 4-1 军工股"3231"投研体系之估值方法

但是简单的市盈率估值法忽略了资产质量、资源价值等因素，而此类因素是不受短期盈利能力影响的。市值比对法不仅仅考虑股票的市盈率、市净率，还考虑资源价值、资产价值、资产质量等各个方面。市值比对法不仅适合于军工行业，对于其他行业来说，也是有效的估值方法。

对于市值的估算，要参照企业自身的增长模式。对于偏制造业的线性增长模式的企业，符合报酬递增的经济规律，用市值比对法结合市盈率来估值比较合适。对于非线性增长模式的企业，则不能简单用市盈率进行估值，应综合评估其未来的市值空间和产品技术价值或商业模式价值，否则无法反映企业的真实状态。比如，商业模式独特的互联网公司或生物制药公司、拥有稀缺军品资产的军工企业等，用市值比对法结合净资产来估值比较合适。

那到底应该怎样去评估一个军工企业的市值呢？常见的有两种方式：一是评估公司未来的利润成长空间，考虑合理的 PE 值后，评估市值应该有多大；二是与行业的标杆企业或者类似企业的市值进行对比。

以 2014 年上半年重组的成飞集成为例，对其估值过程进行说明。成飞集成重组方案出来之后，股价最高超过了 70 元，按照重组后的股本计算超过千亿市值，对于这个阶段的成飞集成，应该怎么判断估值是高还是低？

此时,可以借用中国重工的市场估值对成飞集成进行估值。中国重工涵盖了中国海军的大部分作战舰艇资产,装入成飞和沈飞后的成飞集成(中航防务),覆盖了中国空军的主要空中作战平台,从海军、空军的发展理论配比和经费投入来看,两者相差不大。中国重工稳定在800亿元市值,而成飞集成注入后的价值可以对比中国重工,估值800亿元左右,而市场走势也证明大多数人是接受和认可这个估值的。

成飞集成的估值借助中国重工对比进行,之后军工板块的估值就可以在成飞集成的估值水平下展开,这也从估值的角度解释了为什么成飞集成给军工股树立了一个标杆。说是价值标杆也好,炒作标杆也罢,通过成飞集成的市值和空间对比,军工板块的估值得以提升。这个提升不仅仅是炒作带来的,更多的是对未来中国军工产业走向的一种投票。

市值确定后就可以进行估值了,但要注意区分企业属于线性还是非线性增长模式,这之间会有很大的区别。如中国卫星,同时具备线性和非线性两个特性,其估值应该分成两个部分来进行:

第一,基本业务的估值参照军工股的平均估值水平。企业主营业务是小卫星系列的研发生产,主要用于军队和政府领域,这部分业务具备明显的线性特征,可以在市值比对的基础上结合市盈率来进行合理估值,这从过去3年中国卫星的营收和利润增长率上可以得到证实。

第二,控股股东资产注入的预期给予的估值溢价。公司为中国空间技术研究院(航天科技五院)旗下唯一的上市公司平台,集团通过注入相关资产到上市公司的方式力争做大做强,这种预期应该给予一个估值溢价,现实的股价走势也反映了市场对此的预期,这部分的估值是非线性的,应该在市值比对的基础上结合市净率来评估非线性资产和业务的估值。

市净率(PB)法

既然有了市值比对的方法,那为什么还要用市净率(PB)进行估值呢?对于军工股,涉及资产的稀缺性、垄断性和重置高门槛决定了相应企业占有的无形资产,而这类无形资产不会体现在财务报表中,这是和茅台、五粮液等消费类企业无形资产不同的地方。这类企业用市净率估值最合适,基本上真实地反映了资源价值、资产价值、资产质量等因素。由于民营军工股的企业资产通常没有垄断性和稀缺性，产业资本重置的门槛也不高，这样的资产用 PB 法估值效果就不会太好。

军工股属于重资产类型企业，和传统制造业的属性有相似之处，该类企业以净资产估值方式为主，盈利估值方式为辅。市值和净资产的比较能够很好地反映该类股票的估值状态。市净率要在比较中才有意义，绝对值无意义。净资产要做剔除处理，以反映企业真实的经营性资产结构。PB 法中净资产必须符合以下特点：有盈利能力、资产稀缺性、重置门槛高，否则应用此方法估值就会令人产生力不从心的感觉。

市净率估值法适用于纯正军工股，尤其是对于中长期操作效果不错。如中国卫星这只股票几年来每次大波动都是跟随大盘走势，可是当股价落入历史 PB 均值以下的时候，通常都是中长线的好买点，2010 年下半年和 2012 年下半年就是不错的介入时机。如果企业的资产稀缺性、垄断性和高重置门槛给其带来独特性，那么应用 PB 估值法就会有好的效果。相反，在民营军工股和概念性军工股的估值中，PB 法的效果就会大打折扣。与纯正军工企业相比，这两类企业不具备高门槛、强垄断性，产业资本重置门槛低，这种资产的吸引力就降低很多。

市销率（PS）法

推崇市销率（PS）的投资大师非肯尼斯·L. 费希尔（KennethL. Fisher）（《超级强势股》作者，费雪的儿子）莫属了。他利用了一个财务报表中的常识，即销售收入的变化要远小于利润的变化。销售额常常是比较不容易作假的数据，不像盈利那样容易被操纵，当有了巨大的销售额作为支撑，那么企业获得大幅利润的潜在能力就会加强。我们可以想象，如果获得同样的利润，那么销售额小的公司就意味着需要更高的利润率，而持续维持高利润率是困难的。相反，销售额高的公司，只要利润率稍微增长，那么它的利润就会迅速增大，PS 常被用于评估一个公司迅速成长的潜力，主要用于创业板的企业或高科技企业。

在判断企业价值方面，收入比利润更可靠。评估股票价值需要对公司的收入质量进行分析，收入质量的分析是评估企业经营前景至关重要的一步，毕竟，没有销售，就不可能有收益。这一指标对于那些主要依靠投资收益、营业外收入增加利润的企业是非常有效的。因为主营（核心）业务收入获利能力的强弱，对于整个公司未来发展的前途命运起决定性的影响。因此，市销率既有助于考察公司收益基础的稳定性和可靠性，又能有效把握其收益的质量水平。

总结起来就是：用市值看成长空间，用市净率看资产质量，用市销率看企业价值。

第五节 一句话操作要诀

股票的研究和操作就是要回答几个问题:股票的安全边际在哪里,防守的底线在哪里,股价上涨的预期是什么,驱动因素是什么,什么时候买卖股票才能够既保证安全又保证效率。

对于军工股,也是同样要回答这几个问题。军工股的波动特点和中国股市的特质决定了我们对于军工股的操作要有明确的思路和指导原则,这是20年A股反复证明的铁律。指导思想是从基本面、市场预期和大众情绪三个角度来把握买卖点时机。我将其总结为一句话操作要诀,即基本面确定安全边际,市场预期决定上涨空间,大众情绪决定买卖时机。

要诀一:基本面确定安全边际

要诀一主要应用于纯正军工股以及民营军工股中的优秀企业。概念军工股的安全边际确定难度较大,目前我从安全边际的角度选股的话,会尽量避开这一类型。应用市值法、市净率和市销率三种估值方法确定企业的安全边际,这是操作股票的前提。不论股价如何波动,牢牢把握安全边际这根主线,买入和卖出就有了参考依据。

对于内生性增长的纯正军工股,应首先用市值比对法确定基本面的估值范围。下面以军用舰艇、战机、航空发动机和卫星制造领域的上市公司为例，介绍军工股的长期安全边际。

A股军工领域几个代表性的公司市值（约数）如下：中国重工800亿元，成飞集成（中航防务）800亿元（重组后），航空动力480亿元，中航电子390亿元，中国卫星230亿元。美国的波音、洛马和雷神的市值为870亿美元、526亿美元和280亿美元。对比各自国家的经济总量和军事实力，再看相应军工企业的估值，可以看出一个大概估值区间，这就是这些企业的长期基本估值。

要诀二：市场预期决定上涨空间

概念军工股是市场游资最喜欢的题材之一。对于有业绩支撑的纯正军工股，应该如何用“预期”来研判上升高度呢？我们在对中国卫星上升空间的研判分析中，把预期空间分成两个部分来进行，从线性和非线性两个角度，分析了市场预期下的股价上涨空间。对于概念军工股炒作背后的预期，一般投资者难以把握，还是回避为好。

要诀三：大众情绪决定买卖时机

股市高卖低买的精髓就是要与大众情绪反向操作，人弃我取，人取我予，特别是军工股这种多以“主题刺激”和“注入预期”催生行情的领域，巨大的波动性决定了“大众情绪”战略的有效性。

当大众情绪疯狂之时，可以通过观察身边的人和事，得到一些有用的线索，主要表现为：

其一，市场主流媒体都开始大幅度、高频次报道军工产业的时候，说明军工板块逐渐接近疯狂了，如最近各大报纸网站都在大谈“军工股的长期投资价值”“军工产业的黄金十年”等，这是最直接的风向标。

其二，从资本市场来看，军工股每天都是市场热点，涨幅榜中大部分都是军工股，成交量急剧放大，股价持续拉升，这都是股市行情过热的直接表现。

其三，平时最不看好军工股的群体开始转变投资意见，开始看好军工股的投资价值和产业的未来走势，此时就像“最坚定的空头都变成了多头”，这只能表明一个事情，那就是军工股过热了。

同时具备以上三个指标中的两个，冷静的投资者就应该逐步撤退了，等待下一次的布局机会。

反过来，人气低迷，投资者对军工股普遍不抱希望的时候，市场成交清淡，股价低迷，在这样的背景下，再结合对产业景气度的把握，就可以逐步逢低布局了。这就是情绪在买卖点选择中的实战应用。

Chapter Five

第五章

实战:站在军工大时代的风口上

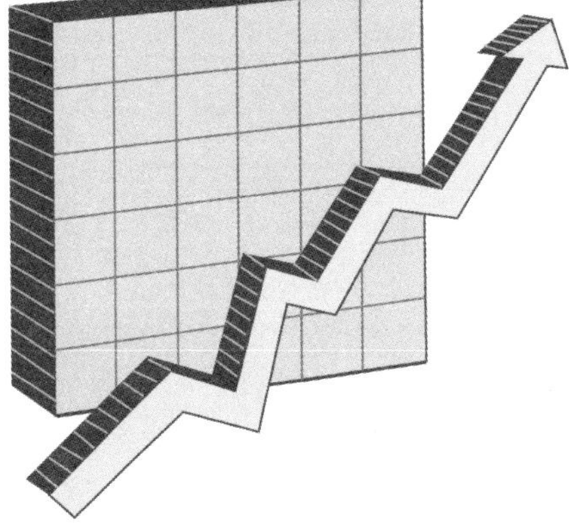

第一节　军工股的崛起

2013年、2014年以来,军工板块大幅跑赢沪深300指数,成了资本市场的一道靓丽风景。如果说2013年的军工行情是受益于周边局势的影响和传统的资产注入预期的话,那么2014年的军工股则直接受益于十八届三中全会设立国家安委会,同时,资产注入、科研院所改制、“两机”专项、无人机、大飞机以及北斗导航产业的大力发展等都是军工板块的直接刺激因素。本章从近两年来军工板块的表现、军工宏观背景、军工产业格局演变三个方面,重新审视军工股的驱动变量,重新梳理军工股2015年之后的投资机会和风险。

每个行业的宏观背景都有自己的特点,军工股也是一样。军工股至关重要的宏观背景因素包括两点:其一,国防领域的安全形势如何,即有没有战争的风险,包括局部性冲突,乱世买黄金,乱世买军工。其二,国家的经济实力怎么样,即有没有钱大力发展军事工业。

军工行业既是国家军事力量的重要基础,也是国民经济的有机组成部分。军工行业的宏观背景需要考虑国防与经济两个方面的形势与政策。下面笔者将系统梳理一下这两年军工股的运行脉络。

2013年的军工股主要有四波明显的行情:第一波为1—3月,驱动因素为钓鱼岛局势不断升级、航空动力停牌筹划重大资产重组。第二波为5—6

月份，主要驱动因素为南海局势恶化、中国重工停牌筹划资产注入事项。第三波为9—10月份，由叙利亚局势一触即发及中国重工复牌公告非公开发行预案等要素驱动。最后一波为11月份，主要驱动因素为十八届三中全会决议设立国家安全委员会、推动国防与军队领域深化改革，以及随后多项政策的超预期，如通航审批、防空识别区。

2013年军工股虽然整体表现较强势，但是背后的逻辑仍然是传统的周边局势和资产注入预期。2014年的军工股行情则是在改革和改制的预期下展开的。主要分为三个阶段：

第一阶段，2014年初，以北斗导航、国家安全为代表的军工信息化板块的崛起。从2013年年底开始到2014年第一季度，军工板块的领头羊莫过于北斗导航和国家安全两个领域，以振芯科技（300101）、海格通信（002465）、长城信息（000748）、卫士通（002268）、同方国芯（002049）为代表的军工信息化股票带领军工股开始了第一波的上涨。这一波的上涨主要集中于国防安全、军队信息化建设相关的软件、硬件和信息设备制造商之中。

第二阶段，5月份开始，成飞集成（002190）注入中航集团的防务资产预案公布后引发第二波行情。成飞集成从复牌时的16元左右，最高上涨到72元，完成增发后市值超过800亿元，与主营军船业务的中国重工（601989）市值相当，与中国重工一起，构建起A股市场的军工蓝筹股群体。成飞集成的注入案例直接引发了航天科技集团、航天科工集团、兵器工业集团和电科集团的资产注入及科研院所改制的预期。在航天科技（000901）、航天电子（600879）、北方股份（600262）、国睿科技（600562）、四创电子（600990）等股票带领下，军工这个板块迎来了轰轰烈烈的整体性行情。

第三阶段，9月开始，南通科技（600862）、闽福发A（000547）的复牌带领军工行情达到年度高潮。南通科技9月发布重组预案，公司拟通过股权划转、定增收购等一系列交易，购买中航复材、优材京航和优材百慕的100%股权，实际控制人将由南通国资变更为中航工业。南通科技将成为中航工业体系内专业从事航空新材料业务、数控机床及航空专用装备业务的资本运作和产业整合平台。

闽福发A直接从民营控股变身为国有军工控股，公司拟定增募资近20

亿元收购南京长峰100%股权,由一个发电设备企业变身以通信、电磁安防及射频仿真模拟为主业的军工信息化平台型企业,公司实际控制人也将变更为中国航天科工集团。

广船国际(600685)通过收购黄埔文冲船厂将成为A+H军工上市第一股。广船国际此次拟收购的黄埔文冲,是华南地区军用舰船、特种工程船和海洋工程的主要建造基地,也是目前中国疏浚工程船和支线集装箱船最大、最强的生产基地。通过收购,将进一步提升公司军船建造实力,做到对除大型水面舰艇以外的军舰和军辅船的全覆盖。

军工集团资产注入上市公司平台的方式中,广船国际代表了传统的注入路径,和航空动力、中国重工、成飞集成类似。值得注意的是,2014年军工并购重组出现了新的变化,以闽福发A、南通科技等为代表的"民转军"的方式,开启了军工资产证券化的新路径。

这三起具有重大影响力的重组和注入事件将军工股的行情推向了2014年的年度高潮,十大军工集团的股票大部分也顺势开始了最后的疯狂,热潮之后大众逐步冷静下来,资本市场永远是在亢奋和消极两个极端中来回循环。经过三轮表现的军工股行情已经酝酿了大量的泡沫,此刻面对军工股需要多一分清醒。

2014年的军工股行情,从北斗导航、国家安全领域开始,逐步向资产注入和院所改制转移,出现了军民融合下的新的并购重组方式,演绎了一轮完整的行情,不单单是传统的周边局势刺激和资产注入行情,这就是和2013年的军工股行情的主要区别。2015年的军工行情将进一步强化这种区别。

在这三轮行情演绎过程中,我始终用"3231"投研体系进行研究和实战。过去两年中,该投研体系在军工股的研究和操作中取得了很好的实战效果,对于军工股的质地辨别、估值和增长方式的研究提供了很大的帮助,特别是在2014年三波军工股的行情切换中,帮助我做到了选股有理有据,挖掘了四创电子(600990)、闽福发A(000547)、欧比特(300053)、北方导航(600435)、广船国际(600685)等投资机会。

图 5－1　2010—2013 年沪深 300 和航天军工指数走势对比图

第二节 地缘政治、经济周期和军工产业

一提到军工股,人们第一反应就是在周边局势紧张之际,军工股就会出现一波脉冲行情。过去几年的军工股排除资产重组的因素,周边局势、地缘政治是军工行情的重要影响要素。军工行业除了院所改制和航空发动机专项等新的影响要素之外,周边局势和地缘政治的作用在未来并不会有太大变化,因此在总结和梳理军工股的投资机会和风险时,军工的宏观背景是需要定期重新梳理和研究的。

国防领域,在安全局势与国家战略的共同作用下,紧张或呈常态,但还不至失控,此乃军工行业发展的最佳时期。"温和紧张"的背景最有利于军工企业发展壮大。如果发生战争,武器装备的需求量将爆发式增长,相关企业利润也将会飙升。在目前的国际环境下,爆发大规模战争的可能性微乎其微,至多是一些局部性冲突和对峙,军工企业发"战争财"的可能性并不大。其实真正发生大规模战争的时候,除非像美国二战初期,战争远离本土,美国的军工企业坐收战争的红利,否则,财富和资产在炮火中灰飞烟灭将是大概率事件。因此,周边形势和国防安全既要紧张又不能失控,即处于"温和紧张"的情况下,最有利于军工企业发展。

经济领域,30 多年经济发展成果为加强国防奠定了坚实的财政基础,经济转型则有望为军工行业带来更多产业政策支持。国家没有资金,发展军

工、壮大军备就是不现实的事情。改革开放之后，为了集中精力发展经济，我国对于军队和军工的思路是“勒紧裤腰带忍一忍”，全力支持经济建设。如今经济发展壮大了，进入新世纪后将军工的发展提上重要议程，正所谓有钱好办事。

下面笔者将从国防和经济两个领域，从地缘政治和经济周期两个角度，聊一聊军工产业的宏观背景以及和经济之间的关系。

军工产业发展的宏观背景

随着综合国力的日益增强和经济的日益壮大，中国已经在世界多极化格局中成为一支重要力量。但中国军力发展水平与美国、俄罗斯、欧盟主要成员国存在很大差距，在维护国家主权、维护国家发展利益方面压力重重。2011 年 1 月，美国发布“未来 10 年军事战略”。在发布会上，美方公布的《维持美国的全球领导地位:21 世纪国防的优先任务》的报告表示，美国将在确保“军事超强”地位的同时，减少在欧洲的军事存在，转而加强在亚太地区的军事力量部署。奥巴马在发布会上再次强调，美国的战略重心将转移到亚太地区，美国重返亚太战略成为中国面临的最大挑战。

我国国防安全战略将从以本土防御为核心转向更为广阔的区域防御和全球防御，设立国家安全委员会即是安全战略转型的直接结果。国家安全委员会作为一个超级权力机构，对内可以承担和化解改革的政治风险，对外则综合运用经济、军事、外交等手段处理安全问题。战略格局深度调整，中国的强势崛起不可避免地会对亚太地区乃至全球的战略格局产生重大影响。亚太地区已经成为世界经济发展和大国战略博弈的重要舞台，从而导致中国与周边国家以及中美之间均需要调整各自的战略，以适应新的变化，达到新的平衡。

随着中国经济的强大，需要从全球进口资源并进行海外投资，更需要发展强大的军事力量维护中国在全球的利益，国家安全已不仅仅局限于国土范围之内。国防白皮书指出，随着中国经济逐步融入世界经济体系，海外利益已经成为中国国家利益的重要组成部分，海外能源资源、海上战略通道以及海外公民、法人的安全问题成为突出问题。

为了应对复杂的地缘政治格局，我国的安全战略在指导方针、安全手段和战略重心方面均已发生了重大变化。

在构建中国海洋战略进程中，新一届政府高瞻远瞩地提出了构建21世纪“海上丝绸之路”计划，这是中国国家海洋战略的一个有机组成部分，以“一带一路”建设促使中国实现经济可持续发展目标，推动世界的和平与稳定。海权意识的觉醒与海上力量的加强无疑是我国21世纪最重大的战略转型之一，必将对亚太地区，乃至全球的战略格局产生深远影响。

这两年来，军工股的宏观背景随着世界格局和我国战略的调整发生了巨大的变化。随着美国重返亚太战略的逐步实施，东欧局势进一步复杂化以及我国周边东海和南海争端的不断升级，我国新一届政府和军队领导人对国家战略也做出了相应的调整，从积极防御转向攻防兼备，从陆地走向海洋，这些都是支撑军工股长期向上的要素，温和紧张的局面最有利于军工产业的发展。

军工产业与经济发展

对于军工和经济的关系，我们可以从几个军事大国的发展与变迁看出一点端倪。二战之后，受制于国内经济发展的限制，英国的军事实力逐年下降，不论是战略力量还是战术力量都大为削弱。苏联解体后，俄罗斯的军事力量逐年衰减，尤其是海军方面，只能集中精力维持部分战略打击力量，直到2000年普京执政之后，才略有好转，背后主要原因也避不开经济实力的掣肘。相比之下，美国之所以能够靠强大的军事实力称霸全球，在军事装备和军工科研方面遥遥领先，和美国强大的经济后盾是紧密相连的。

军工行业与经济环境的关系主要体现在两个方面：一是国防与军队建设，尤其是武器装备的发展需要国家财政的支持；二是军工行业本身也是国民经济的有机组成部分。

30多年经济发展成果为军工行业发展奠定了坚实的财政基础。2013年我国GDP已经达到世界第二的水平，成为世界第二大经济体。虽然经济快速发展，但是中国军费占GDP比例十年来一直保持在2%左右，低于2.4%的世界平均水平，中国军费有足够空间进行补偿性增长，即使考虑到未来我国经济增长中枢的下降，财政支出也不会对国防预算造成明显约束。从国防预算的支持力度来讲，我国的军工行业目前也正处于难得的黄金发展期。

经济转型升级有望为军工行业带来更多政策支持。军工行业作为国民经济的有机组成部分，还承担了引领国家高新技术产业结构调整的重要使命。2010 年的国防白皮书曾明确提出："围绕国家高技术产业发展的重点和方向，加快军工技术推广转化。突破关键技术和产业化瓶颈，在航空航天、电子信息、特种技术装备、新能源与高效动力、节能环保等领域，发展战略性新兴产业和军工特色高技术产业，培育新的经济增长点，促进国家产业振兴和高新技术产业结构调整。"在七大战略新兴产业中，现代航空装备、卫星及应用产业的实施主体均由军工集团承担，轨道交通、海工装备、信息技术、新能源、新材料等领域也不乏军工企业的身影。

按照国防和军队现代化建设"三步走"战略构想，国防现代化建设"坚持以机械化为基础，以信息化为主导，广泛运用信息技术成果，推进机械化信息化复合发展和有机融合"。这与"以信息化带动工业化、以工业化促进信息化"的新型工业化道路可谓相辅相成。2006 年，国务院颁布的《国家中长期科学和技术发展规划纲要（2006—2020）》确立的 16 个重大专项中，大型飞机、载人航天与探月工程、大型先进压水堆及高温气冷堆核电站、高分辨率对地观测系统、核高基等六个专项均主要由军工集团承担。市场一直预期即将出台的航空发动机与燃气轮机重大专项（"两机"专项）有望成为军工行业下一波行情的直接刺激要素。

综上所述，军工股在 2013 年和 2014 年可谓是赚足了眼球，更让专注于军工股的投资者分享了军工崛起的巨大红利。可是，再好的股票，再好的板块，涨多了就会透支未来，那么合理的回调都是正常的，一来可以消化过高的估值，二来等待产业层面的业绩、政策的验证。对于 2015 年的军工股，笔者的判断是先消化估值，再继续起行情，年底的各种政策、业绩预期自然不会尽如人意，这是分化的基础。行情再续的基础是军工大环境在国防和经济两个层面的继续向好，这不是短期的脉冲式刺激要素，而是长达三五年的中长期基本面背景。

第三节　对武器装备升级的思考

站在军工产业变革的风口浪尖里，我坚信军工股的长牛行情还将继续，军工之风还将继续，过去两年只是一个预热和预演，更多的积极因素将在未来陆续兑现。军队建设的重心已经转移到海军、空军方面，一系列重大科技项目，如航空发动机、北斗导航、军事卫星通信、海防声呐系统、国家信息安全都将迎来重大的发展机遇，这些核心领域将不断得到国家的政策和资金支持，对应到资本市场，都是推动军工板块大发展的利好因素。

对于2015年军工股的机会，笔者认为要抓住“三条主线”，顺着三条主线摸清军工股的脉络。其一，从我国武器装备升级的角度，看好海军、空军和航空发动机三个领域的投资机会；其二，从体制改革的角度，看好资产注入和科研院所改制两个方面的机会；其三，从军工信息化的长期发展趋势角度，看好北斗导航、先进雷达、卫星通信和海底声呐四个方面的投资机会。

军工股的大背景

20世纪80年代开始，为了支持经济建设，国家对国防科技工业的投入放缓，直到20世纪90年代末，“995工程”之后才出现拐点，确立了国防现代化建设“三步走”的战略构想：2010年之前打下坚实基础，2020年前基本实现机械化并使信息化建设取得重大进展，21世纪中叶基本实现国防和军队现代化。着眼 2020 年战略目标,目前正处于武器装备升级换代的关键十年,至 2020 年将形成以第三代为主体,第四代为骨干的武器装备体系。国家将大力发展海空军武器装备,加强军工信息化建设,通过资产重组和体制改革推进体制机制层面的创新,为新一代武器装备加速升级提供驱动力。

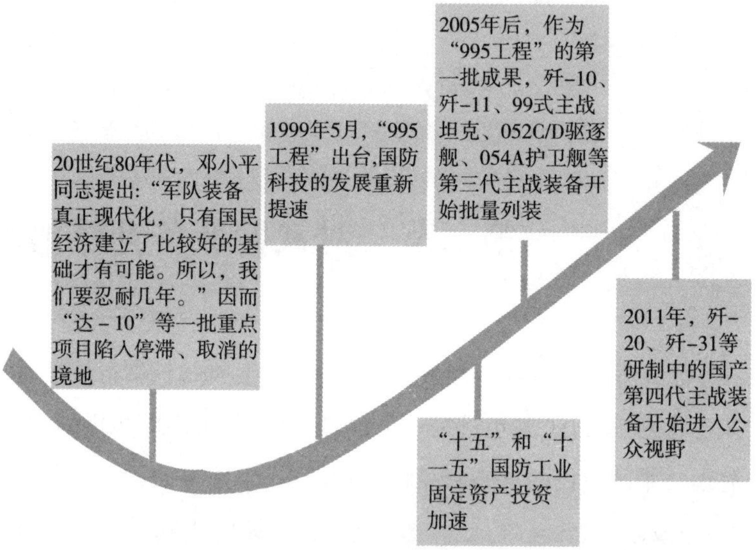

图 5－2　中国国防工业发展历程图

近年来,我国战略重心从内陆转向海洋,直接带来武器装备需求重点的变化,海军的远洋作战能力与空军的战略投送能力成为当前的建设重点,其标志性装备分别为航空母舰与战略运输机。十八届三中全会决议提出,调整改善军兵种比例,其中也包含了进一步提高海、空军比例的内容。

现今中国空中力量的任务正在由国土防空型向攻防兼备型转变。远程打击、远程投送、远程预警能力是建设的重点。在现有军机的结构中,轰炸机、预警机、运输机、加油机、教练机等辅助作战飞机占比较发达国家存在较大的差距,且战斗机多为空优战机,多用途性能欠佳。因此,考虑到新机型的研制进程,根据互联网公开报道的数据推测,在未来 5 年中三代半多用途战斗机、运输机、预警机和电子战高新机的产量将会大幅增加。

要发展海军和空军,航空力量是最关键的一项,不论是海军航空打击力量、预警侦察和加油力量,还是空军的各型空中战斗和支持力量,都离不开一个共同的东西，那就是——航空发动机，这是飞机的心脏，为飞机提供飞行动力，是最核心、最关键的一环，也是我国目前发展阶段最尴尬的一块短板。这是一项极其复杂的技术，在美国《国家关键技术计划》中，将航空发动机技术描绘成“是一个技术精深得使新手难以进入的领域，它需要国家充分保护并利用该领域的成果，长期数据和经验的积累，以及国家大量的投资”。目前全球仅有美、俄、英、法、中几个国家独立掌握大推力航空发动机的制造技术，日本和瑞典虽然能够掌握三代战机的制造技术，但是不具备航空发动机的独立研究和制造实力。

由于技术难度极高，航空发动机被誉为“制造业皇冠上的明珠”。经过一个世纪的发展，航空发动机已经从最初的活塞螺旋桨发展到最新的涡轮风扇发动机，技术、材料、工艺和控制要求越来越高，其技术难度甚至高于航天发射和核武器研制，成为一个国家科技、工业、国防和经济实力的重要标志。对于“武器装备升级”这一话题来说，除了海空军需要大力发展之外，航发这一块短板必须从政策、资金等各方面加以变革和大力支持才能有所突破，否则将永远被卡在最关键的一环。因此这一板块也是武器装备三大投资机会之一。

海军装备机会来自航母编队大规模立项和建设

中国海军经过60多年的发展已初步建成了一支多兵种结合的现代海上作战部队。主要问题是远洋作战能力明显不足，尤其是大型水面舰艇数量偏少。航空母舰方面，美国拥有10艘“尼米兹”级核动力航母，最新型的“福特”级航母有望于2015年服役。日本已拥有两艘排水量1.35万吨的“日向”级直升机母舰，一艘排水量2.4万吨、可搭载F－35B的22DDH型直升机航母。我国则刚刚拥有第一艘航母平台“辽宁舰”，且尚不具备完整的作战能力。加强远洋作战能力已是我国海军现代化建设的一项战略任务，未来至少需要三个航母战斗群，从而带动航空母舰、大型水面舰艇、舰载飞机及相关配套设备研制。

一个“尼米兹”级航母战斗群的总建造费用将近300亿美元，全寿命周期的费用则超过1000亿美元。虽然我国的航空母舰仍是常规动力，且载机数量较“尼米兹”级航母少一半以上，但一个航母编队的全寿命费用也当在千亿元级别，将对产业链中的相关企业带来明显拉动作用。

表5-1 海军装备产业链

产业板块	主要产品或服务	相关军工集团	相关上市公司
武器系统	近、中、远程火力攻击系统	航天科工集团、中航工业集团、兵器工业集团	中航光电(002179) 航天电器(002025)
C4ISR 系统	指挥、控制、通信、侦察等	电子科技集团、航天科工集团、中船重工集团	四创电子(600990) 海格通信(002465)
动力系统	蒸汽轮机、燃气轮机、核动力	中船重工集团、中船工业集团、中航工业集团	中航动力(600893) 中国重工(601989)
舰载飞机	战斗机、直升机、预警机	中航工业集团、电子科技集团	中直股份(600038) 洪都航空(600316) 中航飞机(000768)
舰船制造	航母、巡洋舰、驱逐舰等	中国重工集团、中船工业集团	中国重工(601989) 中国船舶(600150) 广船国际(600685)

注：根据公开资料整理。

空军装备机会来自于战斗机更新换代

中国空军的战机构成结构存在明显不足：一是支援类飞机与直升机数量严重不足；二是战斗机中三代以上飞机占比依然较低。与发达国家相比，美国和俄罗斯的主力战机几乎全部为三代或四代战机，英、法、日的战斗机总数虽然不及中国，但其三代机占比均超过70%。根据我军2020年形成以三代装备为主体、四代装备为骨干的战略目标，未来十年，三代机需求量巨大。

此外，各种支援类飞机（预警机、加油机、运输机等），尤其是基于大型运输机平台的支援飞机需求缺口较大。由于国内尚不具备研制和生产大型运输机的能力，空中运输力量以国产的运8中型运输机为主，大型运输任务只能依赖从俄罗斯进口的十几架伊尔-76。预计未来十年我国各类支援飞机需求量,尤其是大型运输机平台的需求会保持增长。

表5－2　航空装备产业链

产业板块	主要产品或服务	承制单位	相关上市公司
飞机整机	运输机、预警机等	电科集团、西飞、陕飞	中航飞机(000768)
	直升机	昌河、哈飞、惠阳螺旋桨	中直股份(600038)
	战斗机、教练机	成飞、沈飞、洪都、贵飞	洪都航空(600316)
发动机	发动机整机	黎明、西航、黎阳、南方	中航动力(600893)
	控制系统	西安航空、无锡动控所	中航动控(000738)
	传动系统	东安发动机、中南传动	成发科技(600391)
机载系统	航电系统	中航航电系统公司	中航电子(600372) 中航光电(002179)
	机电系统	中航机电系统公司	中航精机(002013)
基础材料	基础零部件	哈轴、洛轴等	中航重机(600765)
	材料	航材院、宝钢五厂等	钢研高纳(300034) 宝钛股份(600456)

注:根据公开资料整理。

航空发动机领域的投资机会看“两机”专项的时间和力度

航空发动机行业高度垄断,目前全球只有罗罗、GE和普惠这三家公司具备批量生产大型涡轮航空发动机的能力,三家共占全球75%以上的市场份额。航空发动机是国家安全战略和经济战略的一部分,是长期投入和长期积累的结果,美英两国长期以来将航空发动机列为优先发展的产业,并对外实行严密封锁政策。

表5－3　全球主要航空发动机公司及所属国家

公司名称	所属国家
通用电气(GE)	美国
国际发动机公司	美国、法国
国际航空发动机公司	美国、英国、德国、日本
罗罗(Rolls Roycs)	英国
发动机联盟	美国
霍尼韦尔(Hooywell)	美国

续表

公司名称	所属国家
西奇(Motor Sich)	乌克兰
礼炮	俄罗斯
留里卡·土星	俄罗斯
克里莫夫	俄罗斯
中航工业	中国

近些年,中国军用航空发动机技术取得了一些重大进展。2005 年定型的“太行”涡扇发动机,完全由国内自主研制,代表了中国目前航空发动机制造的最高水平。

为了提高航空发动机研制水平,加快研制进度,我国从 2012 年开始酝酿将航空发动机列入国家重大专项,国家产业和财政政策开始对航空发动机产业予以必要的倾斜。2014 年下半年,有关部门开始酝酿将中航工业集团一拆为二,其中航空发动机制造板块将成立新的独立公司——中国航空发动机集团公司。分拆计划旨在打破发动机研制这一制约中国大型客机和大型运输机发展的瓶颈,之后中国航空发动机与整机将分开研制,以打破“一厂一所一型号”的旧式航空工业模式。

对于“两机专项”(即国家航空发动机和燃气轮机“两机”科技重大专项)的时间节点和会不会以及何时成立中国航空发动机集团公司的问题,我们只有静静等待,但是,对于发动机产业链的巨大投资机会,无论如何是值得我们布局的。

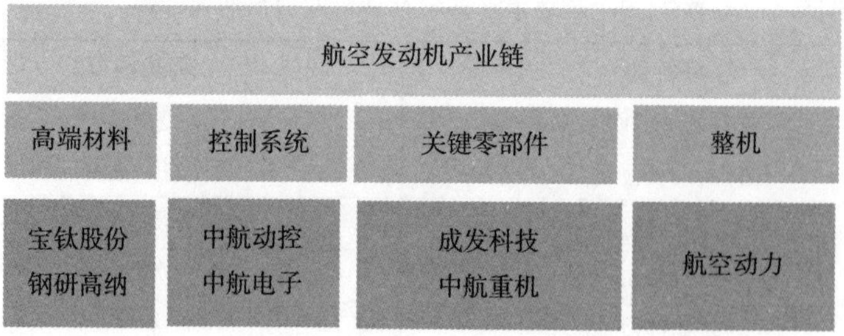

图 5-3　航空发动机产业链示意图

第四节　资本运作之我见

体制改革和资产注入

我国的国防科技工业起步于20世纪50年代,当时主要参考苏联模式,国防科技工业由政府直接管理,各国防工业部门既是国家部委又是武器装备科研、生产单位。直到20世纪90年代,这种政企不分的状况才得以改善,先是于1993年将原来的国防工业部门重组为若干个工业总公司,后于1999年再次拆分,基本形成了目前的十大军工集团的产业格局。军工集团改组迈出了政企分离、走向市场的第一步,也为后来的军工企业股份制改造奠定了基础。

由于政策方面的限制,A股市场在很长时期内并没有真正意义上的军工股。直到2008年前后,随着军工企业股份制改造以及资产证券化的推进,军工股才开始作为一个独立板块受到市场关注。随后两年,A股市场迎来军工资产注入的第一波高峰,2009—2010年共有9家公司启动了资产注入,涉及标的资产规模超过120亿元。在资产注入的持续刺激下,军工指数在此期间累计上涨170%,领先上证综指115个百分点,其中*ST昌河(600372)、中航精机(002013)等成功案例为资本市场留下了深刻印象。

2011年之后,军工资产重组进程开始放缓,且大立科技(002214)、中航重机(600765)、中航动力(600893)等军工资产重组相继遇挫,资本市场对军工资产重组的预期降至低点，甚至对军工体制改革的政策导向都开始产生怀疑。2012 年，虽然哈飞股份启动了资产注入，但由于迟迟没有获批，所以并未有效修复市场对于军工资产重组的悲观预期。

2013 年，中航动力（600893）与中国重工（601989）陆续启动资产注入，标的资产的规模与核心程度均有新突破。

回顾历史，体制改革始终是推动军工行业发展的重要动力，也是军工股投资的重要驱动因素。十八届三中全会吹响了全面深化改革的号角，军工资产证券化的范围将进一步放宽，研究所改制有望获得具体政策支持，武器装备研制与采购体制改革将对军工企业的经营效率与盈利能力产生重大积极影响，国企改革对军工企业的股权结构多元化、管理层激励与选聘机制等方面将产生深远影响。

2008 年以来，各大军工集团的资产证券化率均有明显提升，但整体而言仍处于较低水平。按照净资产占比计算，中航、中船、重工、兵装集团处于第一阵营，资产证券化率在 40% 左右；兵工、电科、两大航天集团的资产证券化率仍处于较低水平。军工集团的资产证券化仍有很大提升空间，研究所改制有望为资产整合带来新的优质资源，现有的企业类资产整合也不容忽视。下面笔者重点梳理主要军工集团可能注入的资产。

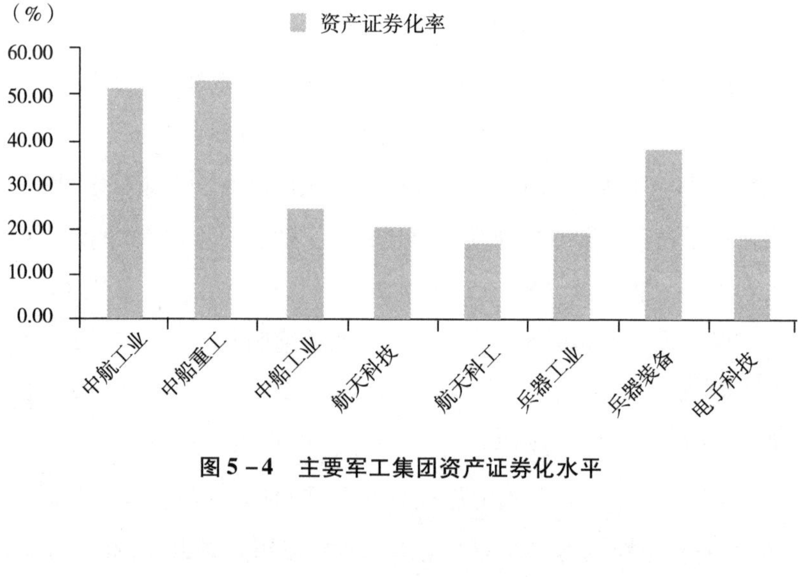

图 5－4　主要军工集团资产证券化水平

• 航天科技集团

航天科技集团正在推进大型科研生产联合体院级实体公司建设，并以一、七、八院为试点，其本质是按照市场化体制机制建设、运行的专业公司，航天科技集团进行的院级实体公司建设是为研究院所的改制探索道路。航天五院长期以来在重点项目上承担总体总装任务，在航天系统中“位高权重”，优质资产丰富，中国卫星（600118）获得优质资产注入的确定性最大。航天六院和航天九院的专业化程度高，按照中航系专业化整合的经验，可以判断航天动力（600343）和航天电子（600879）将成为动力及电子业务的整合平台。特别是航天电子大股东曾经进行过整体上市的公开承诺，目前资产整合预期最高。

表 5－4 航天科技集团内部结构

上市公司	大股东	大股东主业及产品
中国卫星（600118）	航天五院	中国空间技术研究院是国内最具实力的卫星、飞船的研制基地，代表产品为北斗系列卫星和神舟飞船
航天动力（600343）	航天六院	航天推进技术研究院是液体火箭发动机研制中心，主要产品为液体火箭发动机
航天机电（600151）	航天八院	上海航天技术研究院的航天型号产品包括战术导弹、运载火箭、应用卫星、载人航天、深空探测等五大领域
航天电子（600879）	航天九院	航天电子技术研究院主要业务涉及惯性导航、遥测遥控、航天计算机及软件、微电子、机电组件

• 航天科工集团

科工二院、科工三院、科工四院的主要军品为导弹，与上市公司目前的主业无关。导弹作为涉及国家战略机密的打击性武器，敏感度高，注入难度较大，此前尚无注入的先例。但以上三个研究院还有大量民品资产和军民两用资产可以注入，航天电器的大股东业务不涉及核心军品的总体总装。2014 年，航天科工集团在“一号文件”中提出加强集团公司整体上市方案的研究，并开始实行骨干人员持股制度。

表 5-5 航天科工集团内部结构

上市公司	大股东	大股东主业及产品
航天长峰（600855）	航天科工二院	航天科工防御技术研究院在武器系统总体、导弹总体、精确制导、雷达探测及目标识别等领域处于国内领先水平
航天科技（000901）	航天科工三院	航天科工飞航技术研究院主要从事飞航产品的研制和生产
航天晨光（600501）	航天科工四院	航天科工运载技术研究院主要从事弹道导弹、特种车辆的研发、制造
航天电器（002025）	061 基地	061 基地从事电源、继电器、电器连接器、特种电机和电爆阀等产品的研制和生产任务

• 电子科技集团

近 3 年，电子科技集团的营业收入和利润总额增速都保持在 20% 以上，成长性位列十大军工集团之首。电子科技集团下属上市公司中，国睿科技（600562）和四创电子（600990）大股东的主业涉及雷达，军品色彩浓厚，未来资产注入潜力较大。2013 年，电子科技集团以海康集团为基础筹建安全电子子公司，信息安全板块也整合在即，海康威视（002415）和卫士通（002268）有望从中获益。

表 5-6 电子科技集团内部结构

上市公司	大股东	主营业务
杰赛科技（002544）	7 所	特种移动通信新技术、新系统和新设备，为军队提供新型特种移动通信装备；建立和制订移动通信系统和设备的技术体制和技术标准
国睿科技（600562）	14 所	信息技术行业内的国家重要军民用大型电子系统工程产品，重大装备、通信与电子设备、软件和关键元器件的研制、生产、销售与服务
太极股份（002368）	15 所	特种型号的研制、基础研究、国家科技攻关和指挥自动化、航天测控等重大应用项目的研发，为国防信息化建设提供计算机及系统装备
卫士通（002268）	30 所	主要从事信息安全和通信保密领域的研究

续表

上市公司	大股东	主营业务
华东电脑（600850）	32 所	嵌入式计算机及其操作系统、软件环境的研究开发、应用，中航计算机研究开发，芯片设计开发，软件工程测评等
四创电子（600990）	38 所	特种雷达及电子系统工程、民用雷达、广播电视设备、工业自动化控制设备、各种电子仪器（医疗电子、环保电子、汽车电子、专用测试仪器等）、特种元器件等的研发生产
海康威视（002415）	52 所	数字音视频、数字存储记录、外设加固、税务电子化、智能控制等技术及各类电子产品、节能照明产品研发生产

军队科研院所改制

军事工业在任何国家的任何时期都处在技术研发和技术创新的前沿，代表了一个国家的综合科技发展水平和科技的战略高度，国防军事工业可以反映出一个国家科学技术发展的综合实力。就中国而言，最尖端的军工技术蕴藏在广大军工科研院所中。我国的军工科研院所在长期的管理实践中，形成了较为完善的科研生产管理以及大型系统的组织、开发能力。以航空、航天、船舶、兵器和核工业等十大军工总公司为例，就集中了 200 余个军工科研院所，几十万科研人员，不仅是国防建设的主要力量，而且也是国民经济建设中一支强大的科技队伍。

经过近 60 年的发展，我国军工科研院所积聚了大量的技术、人才、资本、经验和教训，在产品设计、制造、工艺、管理等方面已经日趋成熟。军工行业作为技术创新的排头兵，会在国家政策和财政投入方面获得一定的支持。

受益于国家长期持续的巨大投入，受益于一代代科技人员的自主创新、集成创新和引进、消化、吸收、再创新，在国内各类企事业单位中，军工科研院所的研发实力最为雄厚，生产产品的附加值最高，盈利能力也最强。

由于军工研究所获得了大量的国家资金和政策支持，其产品研制的资本性开支全部或大部分由国家承担，导致其盈利能力远远高于以制造加工为主的军工企业。同时，研究所生产的产品往往附加值和技术含量较高，更多地体现为高科技产品，或者是某类武器装备中最具技术含金量的关键零部件，占据着产业链的高端，因此能享受较高的溢价。

军工科研院所主要集中在航天科技集团、航天科工集团、中航工业集团、中国电子科技集团和兵器工业集团，其中以航天和电子科技集团为主，其“以研带产”的特征表现尤为突出。

我国军工研发和制造体系采用的是“厂所分离”模式，该模式源于当年的计划体制，在军工领域仍普遍存在。这种科研与生产分离、事业编制与企业编制共存的局面不仅制约了国防科技工业的创新发展，也已经成为各大军工集团实施资产重组的一大障碍，军工资产证券化仍止步于科研院所之外。2010 年 10 月，中央军委与国务院联合颁布的“国发 37 号文”明确提出，要在三到五年内使军工科研院所改革取得积极进展；2011 年，中共中央和国务院联合下发的《关于分类推进事业单位改革的指导意见》提出，要在 5 年之内基本完成从事生产经营活动的事业单位的转企改制；国防科技工业 2012 年工作会议提出，要全面展开“三大战役”，其中之一便是军工科研院所改革。

尽管有多项国家政策鼓励，但由于在人员、资质等具体问题上仍缺乏政策层面的确认，军工科研院所改制始终未能取得实质突破。十八届三中全会结束之后，各主管部门均在积极落实全面深化改革的决议，军工科研院所改制的具体措施有望在这一时间段出台。政策一旦明朗，军工科研院所改制即有望加速推进。

表 5-7　各军工集团旗下主要研究所资产及相关上市公司

军工集团	主要研究所资产	研究所主营业务	对应上市公司
中航工业集团	607、613、615、618、631 所	航电系统	中航电子（600372）
	614 所	发动机控制系统	中航动控（000738）
	609、610 所	机载液压系统、航空救生装备	中航精机（002013）
	空空导弹研究院	空空导弹	—
中船重工集团	28 家研究所	舰载分系统、材料等	中国重工（601989）
电子科技集团	中电 14 所	雷达、通信、信息系统	国睿科技（600562）
	中电 38 所	雷达	四创电子（600990）

续表

军工集团	主要研究所资产	研究所主营业务	对应上市公司
航天科技集团	航天五院	卫星、飞船等	中国卫星(600118)
	航天八院	运载火箭、应用卫星等	航天机电(600151)
	航天六院	液体火箭发动机等	航天动力(600343)
航天科工集团	航天科工二院	防空导弹等	航天长峰(600855)
	航天科工三院	飞航导弹等	航天科技(000901)
兵器工业集团	205 所	充电、夜视类产品	光电股份(600184)

第五节　军工信息化，不可阻挡的历史潮流

人类战争在经历过徒手作战、冷兵器战争、热兵器战争、机械化战争之后，正在全面进入信息化战争阶段，信息化已成为未来战争的基本特征。我国国防建设在这一发展趋势下，在信息化武器、信息化系统、信息化对抗等方面奋起直追是历史提出的要求。20 世纪 90 年代末，我国确立了国防现代化建设“三步走”的战略构想：2010 年之前打下坚实基础，2020 年前基本实现机械化并使信息化建设取得重大进展，21 世纪中叶基本实现国防和军队现代化。

军工信息化势不可当

军工信息化具有全局的战略地位，是国防力量的重要组成部分，也是军队战斗力的“倍增器”。从美国近年来发动的海湾战争和伊拉克战争来看，信息技术正发挥着越来越重要的作用。信息技术的发展能够帮助军队实时精确导航和定位，快速掌握数据，实现全天候、昼夜连续作战。我国在十八大报告中也提出，“加紧完成机械化和信息化建设双重历史任务，力争到 2020 年基本实现机械化，信息化建设取得重大进展”。

美国的信息化建设遥遥领先。2003 年，美国国防部发表《转型计划指南》，指出美国军队正处于从工业化时代向信息化时代的转型之中。美军自

20世纪90年代起开始进行C4ISR的建设，耗费了10余年，高峰期年投入近700亿美元，成功打造了高效的C4ISR系统。目前美国陆军信息化装备已占50%，海、空军达70%，2020年前后各军兵种的武器装备将全部实现信息化。2013年，陆军用于信息技术服务的经费达到60亿美元。

中国正处于从半机械化向信息化过渡阶段，整体信息化率不足20%。按照国外信息化标准测评方法，一支军队的信息化装备规模只有达到60%以上时，才具备信息化军队的特征。

美国《中国军力报告2012》指出：获得全面的指挥、控制、通信、计算机、情报、监视与侦查（C4ISR）系统是中国军事现代化的重要组成部分，也是进行一体化联合作战的必要条件。中国军队正在致力于发展能够使各部队间共享信息和情报数据，加强战场意识以及能够在战略、战役和战术层面实现部队综合指挥的C4ISR系统。

军工信息系统主要包括武器装备信息化、军队管理信息化、作战指挥信息化、教育训练信息化以及综合保障的信息化。从应用领域看，主要分为预警探测、情报侦察、导航定位与交通管制、指挥控制、军事通信系统、综合保障等。

表5－8　军工信息化的主要领域与具体内容

应用领域	内容
预警探测	无线电、光学激光、红外
情报侦察	信号情报、光学情报、雷达情报、声音等
导航定位与交通管制	地基导航、天基导航、自主式导航
指挥控制	作战筹划、信号处理和融合、实时作战指挥控制、日常作战管理
军事通信系统	无线通信、有线通信、卫星通信
综合保障系统	测绘、气象、工程、防化、后勤、装备、频率管理

如图5－5所示，中国信息化武器装备的电子化程度，即电子信息技术成本与装备总造价的比例，舰艇为25%～30%，导弹达到50%，军用飞机为50%以上，战略轰炸机和隐形飞机超过60%，空间武器则达到75%，而西方国家所有信息化武器装备的电子技术成本比例超过了50%。因此，中国在

这方面仍有较大的提升空间。

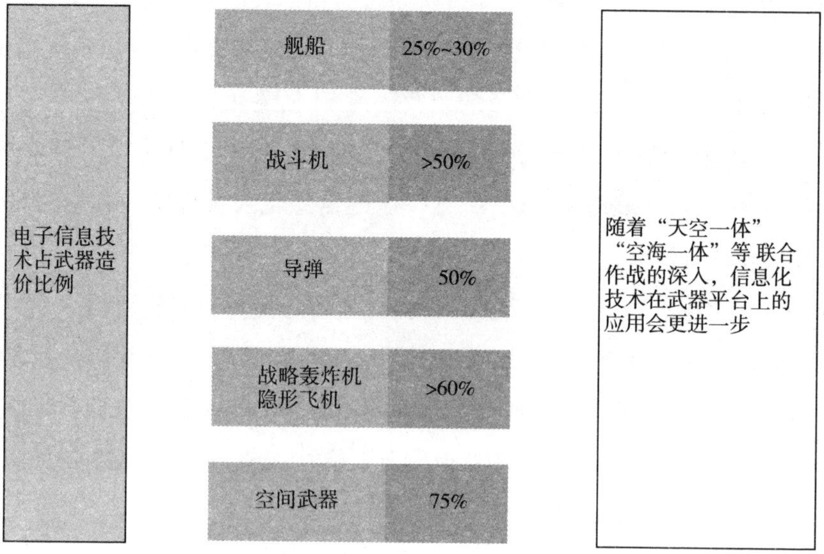

图5－5　中国信息化武器装备的电子化程度

军工信息化潮流中的投资机会

军工信息化的步伐势不可当,北斗导航、先进雷达、卫星通信、海防监听等领域发展空间巨大。如表5－9所示,投资者可以重点关注以下公司。

表5－9　军工信息化相关的A股上市公司

股票代码	上市公司	相关业务
600118	中国卫星	天基系统,卫星制造
300045	华力创通	北斗导航,雷达测试,卫星通信
300101	振芯科技	北斗导航,光学仪器
002465	海格通信	军用通信,北斗导航
000547	闽福发A	军用通信,防辐射装备
600372	中航电子	先进航电系统
300324	旋极信息	测试系统
002520	日发精机	飞机数字化装配

续表

股票代码	上市公司	相关业务
300252	金信诺	军用信号传输线缆
600184	光电股份	精确制导，侦察武器，精确制导导引头，光电信息装备
300353	东土科技	军用交换机
000748	长城信息	光纤水下探测，自主可控安全计算机
600522	中天科技	光纤水下探测
002268	卫士通	信息安全，保密手机

第六节　敢问路在何方:以史为鉴辩牛熊

2014年11月以来,A股市场可谓是波澜壮阔、轰轰烈烈,从单日成交7000亿元到万亿元巨量,A股不过耗时5天。12月5日,沪深两市单日成交量达到10740亿元,再度刷新纪录。以券商、银行为代表的大盘蓝筹继续高歌猛进,不过中小盘成长股却集体错失本轮行情。投资者中有人因重仓了金融股而谈笑风生,有人却在固守成长股中唏嘘哀叹,谱写了一出出股市悲喜剧。那么,面对如此行情,未来我们该怎么办?行情会怎么走?这些问题我们不得而知,但是我们可以以史为鉴,从历史中寻找答案,因为太阳底下并无新事,股市只是一个又一个波动的循环而已。11月底,笔者清理了大部分仓位,主要是因为以下三个原因:

其一,本轮行情之前,笔者没有布局金融和强周期低估值股票,自然无法分享狂牛红利,此时也不想贸然去追高。

其二,这期间布局的军工和小盘股票,利润还有所回调,鉴于狂牛之后可能面临的剧烈震荡,选择暂时离开,等待风平浪静之后,再做定夺。

其三,本轮行情实质上是场外资金大举入场形成的“抢筹行情”,新资金不可能接盘各大机构重仓的小股票,只会在低估值的蓝筹洼地建仓。这之后就有一个问题,当新资金不能持续供应的时候,市场会发生什么?重仓小盘股的各大机构的焦急程度可能不亚于散户,因为大家都明白,后面的行情将是低估值绩优股和反转股领涨的舞台,小盘股会出现巨大的分化,长期被高估值的、没有业绩支撑的股票将迎来剧烈的价值回归。小盘股、题材股的中短期风险已经骤然增加,因此,如果此时没有及时布局金融等股票,还是选择暂时离场观望为宜。

这一次暴涨之后,市场会怎么发展呢?就让我们从A股历史上的四次典型暴涨中寻找线索。本部分主要以定性分析为主。

第一次:1999年“5·19”行情

● 背景概述

1999年5月19日,深沪两市展开了一轮波澜壮阔的大行情,史称“5·19”行情。“5·19”行情的导火索就是当年中国证监会向国务院提交的“改革股票发行体制,保险资金入市,逐步解决证券公司合法融资渠道,允许部分具备条件的证券公司发行融资债券,扩大证券投资基金试点规模,搞活B股市场、允许部分B股与H股公司进行回购股票的试点”等六项政策建议获得批准。

“5·19”行情正式发动的当天,上午还相当平静,变化起自下午。大量涌入的场外资金不断推高指数,成交量大幅放出,此后连续3天,市场量能梯次推进,从75亿元到102亿元,再到145亿元。市场的做多信心迅速膨胀,场外资金蜂拥入场,直到放出沪市单日445亿元的成交天量。在不到两个月的时间里,上证综指从1100点之下开始,最高走到1700点之上,涨幅超过50%,而其中的龙头亿安科技、海虹控股、四川湖山等股价更是被炒到了一个非理性的高度。

● 后续走势:开启两年大牛市

次年春节,沪深股市在充分消化“5·19”行情的获利筹码之后重拾升势,上证综指不断创出历史新高,并于2001年6月14日达到最高点2245.44点,持续长达两年的大牛市,随后便展开了长达四年的熊市之旅。

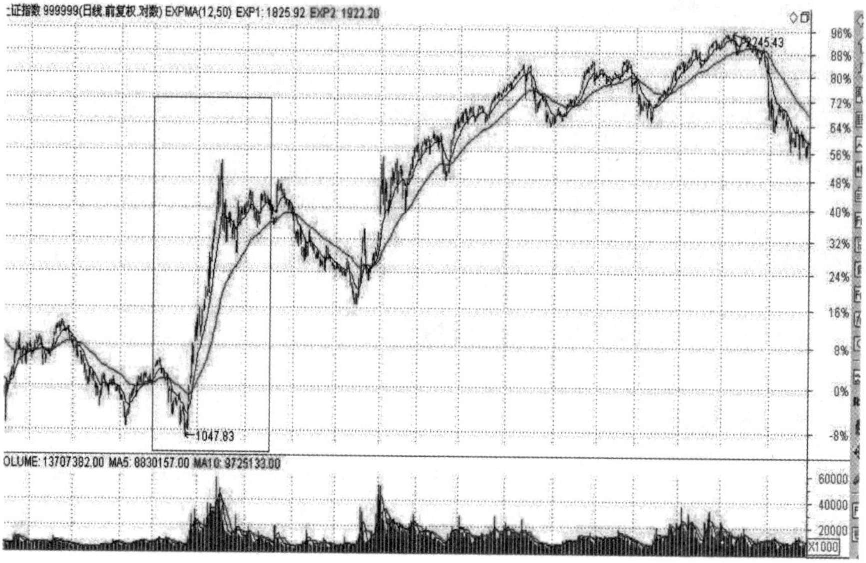

图 5－6　1998 年 9 月—2001 年 7 月上证指数 K 线图

第二次:2004 年初“五朵金花”和“机构绞肉机”行情

• 背景概述

2003—2004 年的跨年度行情中,“五朵金花”的故事人人皆知。2003 年的“五朵金花”是指钢铁、汽车、石化、能源电力、金融这五大板块,其中钢铁股是以宝钢股份为首,汽车股是以长安汽车和上海汽车为代表,石化股以扬子石化(被中国石化吸收合并)与中国石化为头羊,能源电力则是以华能国际和长江电力为先锋,金融由招商银行带头。

当时,随着国民经济结构性调整的进一步深化,中国经济保持较快的增长速度,并进入了新一轮的景气周期。这一点尤其表现在钢铁、汽车、石化、能源电力及金融等行业上,而这些行业景气度的提升,自然提升了相关的大盘蓝筹上市公司的价值。2003—2004 年的跨年行情中,钢铁、汽车、石化、能源电力、金融五大板块的累计涨幅分别为 32%、29%、32%、44%、25%(这是在全年的涨幅榜中统计数据,包含了下半年的大幅回调,如果计算最高涨幅,百分比要远远大于这组数字)。

● 后续走势

2004年，这波行情最终在国家严格的宏观调控下结束。然而，年中众多机构空翻多之后，大举进军股市做多，认为大牛市行情来临，最终演变成了“机构绞肉机”行情，以众多机构被套牢而收场。

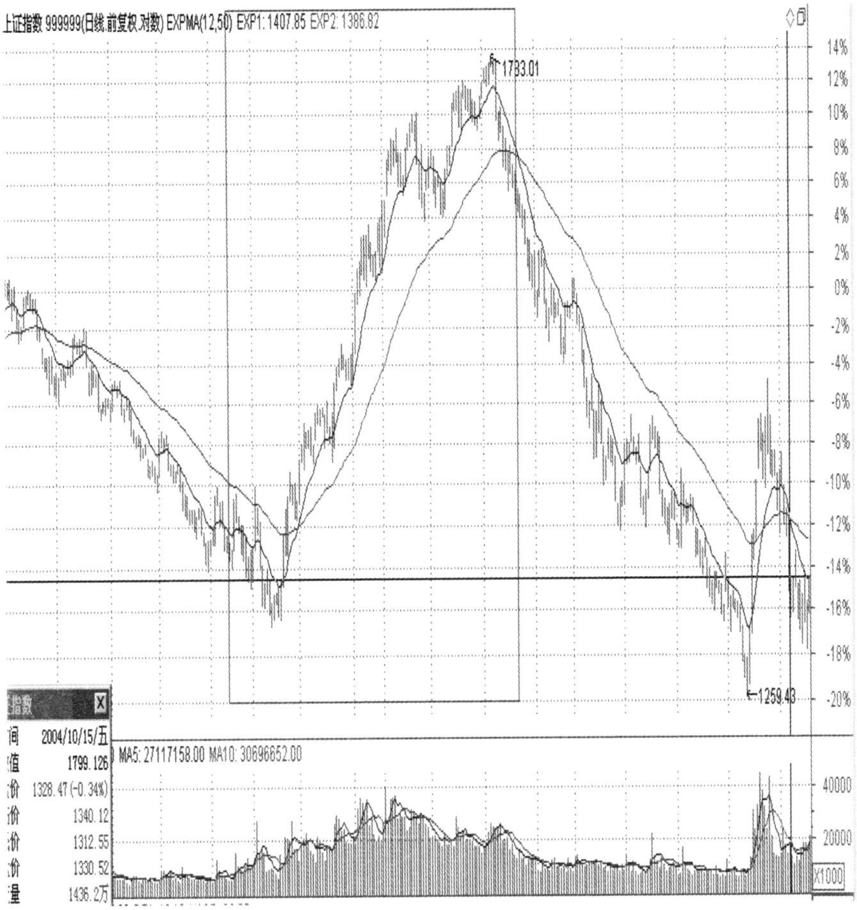

图5-7　2003—2004年上证指数走势图

第三次：2006年底的股权分置“改革行情”

● 背景概述

2005年开始的股权分置“改革行情”可谓惊世骇俗。这个过程中，质疑和恐惧交织，兴奋与悲观夹杂，大多数人都是猝不及防。牛市来得如此之快，超出了不少投资者的预期。从2006年5月份开始，市场人士就一直在探讨股市为何能强势上涨。时值年底，人们对这个问题可以看得更为清楚：国民经济持续健康增长，股权分置改革平稳推进，上市公司业绩不断增长、清欠全面攻坚，券商风险处置与综合治理基本结束。这些都为指数的上涨奠定了坚实的基础。让人欣慰的是，与上一次牛市相比，现在的市场多了几分理性和成熟。以前的市场投机和坐庄盛行，现在则以基本面分析和价值投资为主；漠视甚至随意侵占中小股东利益的现象曾经相当普遍，现在上市公司回报股东的意识明显增强。此外，市场法治环境、监管水平等与以前相比也有了很大改善。

当时市场最大的特点是蓝筹与机构主导市场。在2006年，随着"新老划断"顺利启动，工商银行、中国银行等一批大型蓝筹公司平稳着陆A股市场。两市1400只股票中，工商银行、中国银行、中国石化、招商银行、上港集团、宝钢股份6只股票总市值均在1000亿元以上，其中，工行总市值已超过1万亿元。这6只股票总市值高达3.3万亿元，几乎占A股总市值的一半，组成上市公司的"航母舰队"。出乎很多人的预料，这些超大盘股的上市，不仅没有对市场形成冲击，反而成为带领指数不断上涨的"先锋"。第一大盘股工商银行上市后的最大涨幅超过50%。指数的连连上涨，轻松创出历史新高，与这些蓝筹股的表现密不可分。

看看当时一位私募基金经理的操盘日志中的一段话就足以想见当时市场的状态："继2月27日幸运地看到十年才得一见的单日最大跌幅之后，昨日又见到一个领先指数和综合指数分道扬镳的罕见景象，最高峰时期两个指数竟然相差达到6%（一个是上涨3%，一个是下跌3%）。为什么有如此景象发生呢？从表面来看无疑可以总结为：都是银行惹的祸。

"在上午11时涨幅榜排名前18中有8名皆是银行保险股，兴业银行被群情激奋斗志高昂的人推上了涨停，可是此时其他一千多只股票却在进行跳水表演。似乎他们正在努力地与银行股划清界限。银行股涨它们就跌，银行股加速上涨它们就加速下跌。是什么原因导致这样的现象出现呢？银行股上涨不值得奇怪，有人喜欢之极，愿意出更高的价格购买，于是价格不断上涨,这种行为本身无可厚非,可是这样泾渭分明就耐人寻味,值得深思。”

当时的情况和本轮行情最为相似,典型的“二八行情”,拉升的主角也是银行、保险和券商。

• 后续走势

中国股市 2005 年开始的上涨,开启了历史上最为壮观的大牛市,2007 年 10 月最高点涨到 6124 点,轰轰烈烈的大牛市让很多人一生难忘,之后进入全球金融危机。

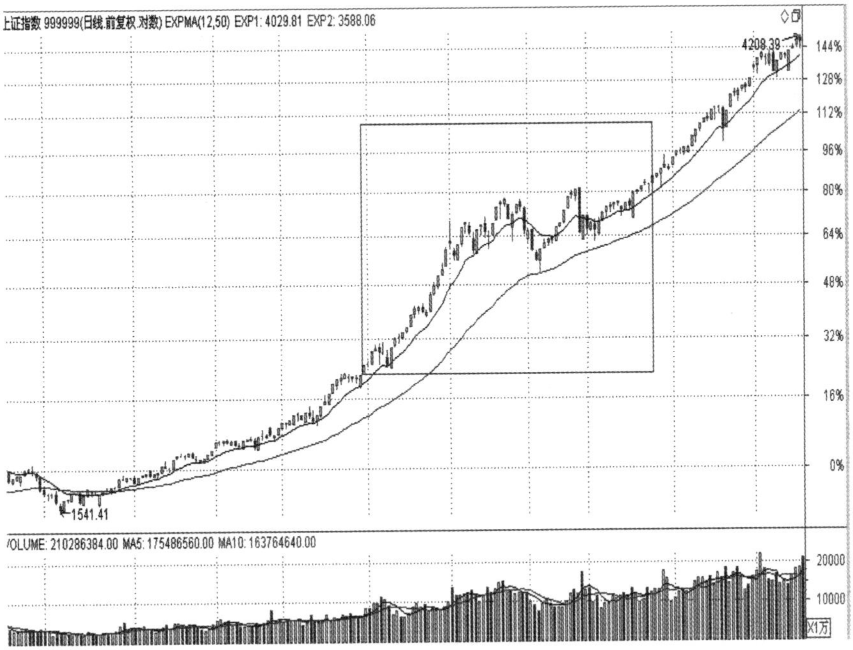

图 5 –8　上证指数 2006—2007 年走势图

第四次:2009 年“四万亿行情”

• 背景概述

2009 年 A 股市场涅槃重生,随着我国政府出台高达 4 万亿元的经济刺激计划,A 股市场提前见底。上证指数从 1820. 81 点起步,到 8 月创下年内最高点3478.01点，年度涨幅超过100%的个股达到1153只，约占A股总数的64%，其中顺发恒业以1311.84%的年度涨幅夺得2009年A股个股涨幅冠军。

2009年，在保增长、扩内需、调结构的宏观背景下，为应对国际金融危机，我国相继出台了十大产业振兴规划。汽车、钢铁、纺织、装备制造、船舶工业、电子信息、轻工、石化、有色金属和物流等十大支柱性产业获得国家政策的重点支持。在利好刺激下，相关行业个股走出了大幅飙升的行情。第一季度的行情基本上就是围绕着这十大产业所涉及的上市公司展开的。

此后，国家又陆续出台区域振兴规划。珠三角、上海、海西、关中—天水、东北老工业基地、横琴、图们江、黄三角和鄱阳湖等竞相成为市场关注的热点，对相关板块上市公司形成利好刺激，盈利效应不断显现。

随着产业振兴、区域振兴政策不断出台，资本市场也启动了相关改革、创新举措，并在新股发行制度改革、创业板推出、IPO重启、机构监管等方面取得了重大进展。

6月，A股市场暂停9个月的IPO重启，桂林三金成为第一家获准新股发行的公司。10月，十年磨一剑的创业板正式推出，为资本市场带来了一批成长性好的创新型企业，为投资者提供了更多的投资品种。由于创业板中的绝大部分公司受益于国家的政策支持与资金支持，创业板成为2009年末投资者关注的焦点。

纵观2009年，在刺激政策的带动下，沪深两市有1300只个股股价实现翻番，资金开始向资本市场集中。资本市场相关制度的不断完善，在创新、改革主基调下，吸引了大批投资者进入，有力地保障了我国证券市场的平稳运行。

• 后续走势

以券商、钢铁、航运、机械等强周期股引领的本次行情，在迅速拉升之后迅速夭折。本次行情的特别之处在于，中小盘和创业板股票在主板调整之时接过领涨大旗，再创新高。

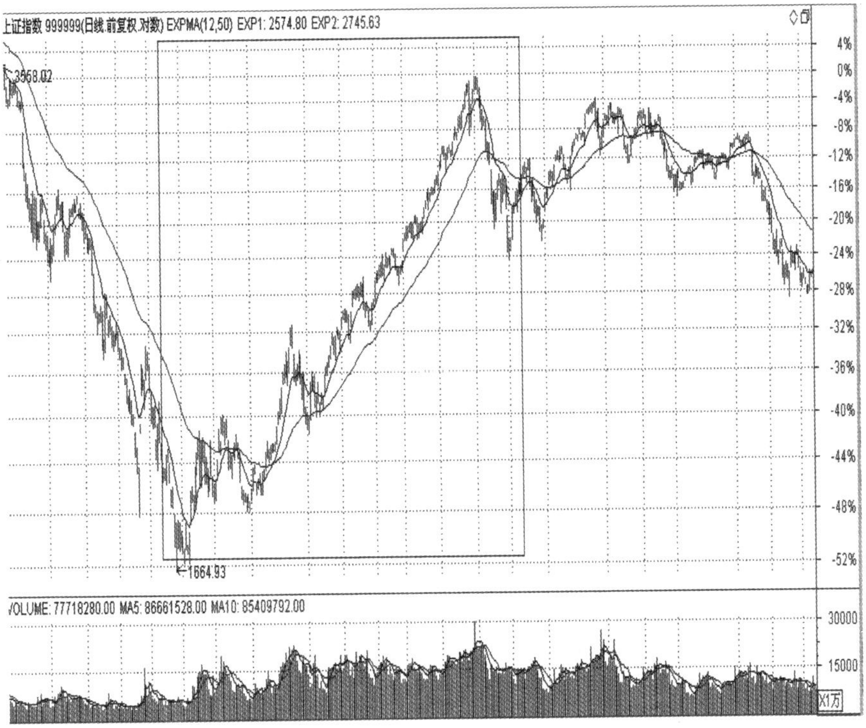

图 5－9　2009 年上证指数走势图

历史行情给了我们什么启示

通过对比 A 股历史上四次暴涨行情，我们能获得什么样的信息？从历史背景、经济状态、外围股市来看，本轮行情和这四次行情有着诸多相似之处。

这四次行情的外围股市情况都极为相似——美股和港股都处于大的上升周期之中。1999 年美国出现网络股大潮，国内也呈现出以四川长虹、海虹控股为龙头的科技股行情，并且结束于全球互联网泡沫破裂之时。2006 年是“量化宽松”背景下的全球性大牛市行情，在全球金融风暴之下迎来了大幅下跌。2004 年中国股市还在相对底部震荡的时候，外围股市已经走出明显的上升通道，而 A 股在国家的强势宏观调控下夭折。2009 年的 A 股则是在全球金融风暴、“哀鸿遍野”的背景下，展开的大幅度反弹行情，之后在经济转型、地产调控等一系列因素影响下，主板震荡下跌，中小板、创业板迎来大行情。

本轮行情是在大力发展新兴产业的背景下，2013 年由创业板成长股引领，2014 年由“沪港通”和改革等主题引领的主板低估值周期性股票的行情，这和 1999 年、2006 年、2009 年和 2004 年都有着极大的相似。

“以史为鉴，可以知兴替。”虽然每一次的行情都有其各自的特点和内因，但是表现出来的运动过程却有着诸多的相似性，这样的规律是可以为我们所用的。那么，本次行情是以中期回调的形势来发展，如 2009 年、1999 年那样；还是以高位盘整以时间换空间的方式来发展，如 2006 年；抑或是如 2004 年那样，预期的因素突然朝反方向发展而导致行情夭折？笔者倾向于前面两种情况，正是在这种看法下，才做出暂时退出，观察确认行情的发展方向再行定夺的决定。

Chapter Six

第六章

企业:需要长期关注

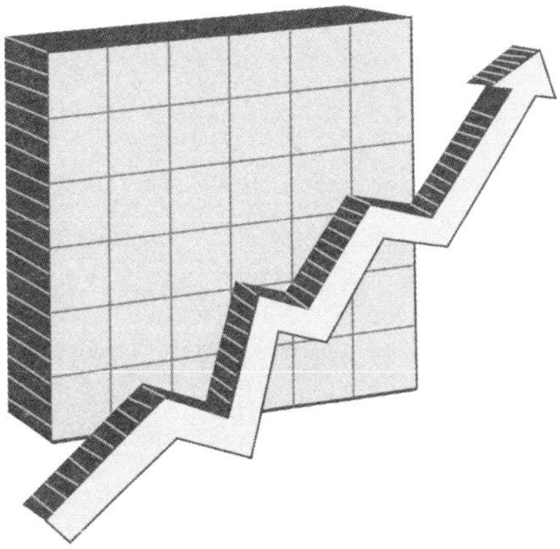

第一节　华力创通："困局"和"破局"

华力创通(300045)目前62亿市值,在北斗导航板块中排名第十(共22只)。在拥有北斗军品资质的六家公司中,排在最后。在做芯片板卡的几家公司里,除去停牌中的合众思壮(市值为50亿),也是排在最后。这就是当下市场给华力创通的定位。华力创通从上市之初的一个做仿真测试产品的公司,逐步成为一家专注北斗导航的北斗公司。每一次转型市场都给予了华力创通很高的期望,但是每一次华力创通给市场的回报都低于预期,这一点从公司股价波动中可见一斑。近一年来,公司的高管不断减持公司股票,也让市场多了一份担忧。

以上两点是华力创通的现状——面临着估值和成长的困局。那么,在北斗产业的大背景下,华力创通如何打破这个困局?在当前的股市环境下,投资者应该如何认识华力创通的价值?下面笔者试着从华力创通的前世今生开始,聊一聊华力创通面对"困局"该何去何从。

起步于仿真和测试领域

公司上市之初,北斗导航业务收入占比很小,2012年年末在15%左右,2013年占24%,2014年6月则上升到42%,2014年上半年比上一年同期增长190.67%,2013年比2012年增长70.14%,2012年比2011年增长68.19%。对比这组数据,可以看出公司这三年在北斗导航这个新兴领域投入的决心之大和收获之多。2014 年上半年,北斗收入占公司总收入 42%,但是利润占比达到了 55%,超过公司利润的一半。上半年公司在卫星移动通信领域的芯片和模块研发上取得了重大突破,这个领域是结合北斗应用的方向。从公司创立至今十几年来看,从最初的代理国外产品开始,到现在的北斗产品占据半壁江山,再到未来的以北斗为主,从这条主线可以看出,华力创通已经是一家纯正的北斗公司。

其实,走出这么一条发展路径,既有公司管理层审时度势的眼光因素,更多的是技术和市场变化驱使公司不得已的“变化”——高技术公司的通性,要么变化求生存,要么被产业潮流淘汰。

公司最初是一个做仿真测试产品的公司。“仿真和测试”,不要被这个术语迷惑了,其在行业里存在几十年了,不是什么新鲜事,这一块主要由国外公司垄断,在当前的中国,这是一个竞争激烈的行当。

目前国内开展仿真技术相关业务的公司有近 2000 家,但从业公司普遍进入行业较晚,经营规模较小,大多以代理进口产品和系统集成为主,缺乏具有核心技术的自主产品,技术水平与欧美先进计算机仿真企业差距较大,进口产品占据了国内计算机仿真市场大约 70% 的市场份额。如表 6-1 所示,大名鼎鼎的 NI(美国国家仪器公司)、安捷伦公司都是全球顶尖的实力派,在这个领域想和它们过招,谈何容易。这些年,以华力创通为代表的国内公司是夹缝生存,因为在一些敏感行业,跨国公司不会对外出售高端设备,如航天航空领域、军品等。华力创通作为中间商,将国外设备引进来,边销售边学习吸收,最后形成自主产品,满足政府和军队需求,这是华力创通的最先的生存模式。

表 6-1 华力创通主要竞争对手及简要情况

领域	公司	市场定位	主要产品
半实物仿真测试	NI	NI 图形化系统设计方法适用于测试、控制和嵌入式设计,并能通过提供面向设计、原型、发布应用的统一平台,满足上述需求	围绕测试、控制和嵌入式设计提供软件和硬件产品,如:实时测量和控制硬件产品、模块化仪器等
	dSPACE	为汽车系统和飞机系统的机械控制系统的开发和测试提供软件和硬件解决方案	半实物仿真和测试系统 dSPACE

续表

领域	公司	市场定位	主要产品
卫星导航仿真测试	思博伦公司	主要为电信运营商、通信设备制造商、研究开发机构和评测实验室提供技术领先的通信测试技术和相关设备	思博伦公司的测试产品和技术服务覆盖了电信网络的各个领域,包括:话音通信、数据网络、接入网络、光纤通信、移动通信、卫星通信和导航
	国防科技大学	国防科研院校	北斗卫星导航模拟器
雷达仿真测试	安捷伦公司	世界最大的测试测量公司	电子测试测量、生命科学与化学分析
	恒润科技	主要发展方向是为用户提供集成工程环境,公司也依托此工程集成环境为用户提供完善的咨询项目服务	集中于三个方面:①汽车电子;②系统开发;③研发工具代理和支持服务

艰难转型

近年来,一方面仿真业务市场步履维艰;另一方面北斗产业红红火火,获得国家大力支持,公司拼命往北斗领域转型也在情理之中。振芯科技、海格通信、合众思壮和中海达几家公司都集中了大量精力在北斗市场中跑马圈地。正是基于北斗产业的巨大机会已经展现,华力创通进行了业务重心调整。

转型是要付出代价的。就像2010年至今的信维通信,连续三年的大量费用将公司的利润吞噬——建海外研发中心,建LDS生产线,为了一个LDS的梦想,在众多的质疑声中坚定前行。如今,信维通信已经完成业务布局和市场占领。这两年的华力创通所走的路和信维通信十分相似。

2012年,公司为转型北斗业务,开始不断扩充北斗研发团队,公司2012年、2013年、2014年员工规模分别为325人、505人、529人,2013年公司员工人数激增,从而导致当年管理费用爆发性增长。2013年公司管理费用为1.42亿元,同比增长100%以上,占当年营收约47%。2014年上半年,公司管理费用为0.76亿元,同比增长约19%,管理费用与业绩增速基本保持同步。对于一个处于抢滩阶段的技术公司来说,虽然有点激进,但是还是值得的。公司北斗研发团队已经基本建成,未来两三年不会再出现大规模扩张,管理费用将进入平稳增长期。

对于转型为北斗公司的华力创通来说，进入这个领域，面临振芯科技(300101)、海格通信(002465)等实力对手的竞争，公司应该怎样破局?

首先，北斗导航产业目前处于应用爆发的初期阶段，市场容量足够大，华力处于“风来了，猪都会飞”的阶段，因此好日子刚刚开始。到2020年整个产业4000亿元的规模，拥有核心竞争力的北斗企业不超过十家，高通、世通等外资企业在这个行业的参与度是有限开放的，威胁有限。这个领域的商机是巨大的。就像2006年前后的资源商品行情一样，整个产业都是受益的，只是谁吃的肉多一点，谁吃的少一点的区别。

2013年年底，高总(高小离，董事长)在调研会上对华力创通的市场情况说得非常中肯。关于北斗导航在军方的市场规模到底有多大，高总的回答是，“第一，市场确实很大;第二，究竟有多大不知道。可以说所有运动的装备都必须要装北斗”。

其次，和其他几家北斗公司一样，华力创通也是在走“差异化竞争”之路。因为处于产业化初期，市场容量足够大，每家公司在自己的专长细分领域都没有做完，暂时谈不上彼此之间的白热化竞争。合众思壮定位于高精度领域的军、民用;海格通信实力雄厚，定位于全产业链的整体布局;振芯科技是传统的军用大户，一直坚持高精尖的路线;中海达专注于海洋产品，挖掘海洋时代的金矿;华力创通立足自己十几年积累的优质客户，拓展卫星移动通信领域。在一个“大行业，小公司”格局的产业里，每个具有进取心的公司，都有足够大的舞台。表6-2是华力创通2006年至2009年6月的市场开拓状况。

表6-2　2006年—2009年6月华力创通销售额　　单位:万元

时间	军工		民用	
	销售额	占比	销售额	占比
2009年1—6月	5201.14	76.34%	1612.10	23.66%
2008年	9605.46	83.28%	1928.88	16.72%
2007年	6138.38	73.35%	2230.30	26.65%
2006年	4975.72	77.20%	1469.14	22.80%

通过十几年的客户积累,公司开拓了巨大的军方市场,有了客户基础,业务迁移就有了扎实的基础。这些军工客户才是华力的核心竞争力,也是华力这些年努力的结晶。其实,做北斗的几个核心公司,都有着类似的特点——积累了自己的巨大客户群。这就是行业的巨大壁垒之一——军方客户的黏度和忠诚度是很强的。

差异化竞争的路线一方面是市场的选择,另一方面是由目前北斗领域的技术特点决定的。北斗导航芯片不管是军用的还是民用的,关键技术一是灵敏度,二是捕获时间,三是精度。灵敏度就像人的耳朵,即听力好不好,你的信号来了我能不能听得见;捕获时间,即我现在听到了,过一分钟你才听清楚;定位精度,就是定位准确度。不同的应用场合,不同的客户,对这三个指标的要求和侧重点不一样。如果有人说,我三个指标都要求很好,不行吗?不是不可以,只是难以做到,就像战斗机,既追求载弹量和大航程,又追求高机动性和高速度,没有那么完美的事情,必须有所取舍,北斗导航应用也一样。正是基于这一技术的特征,振芯科技、海格通信、华力创通、合众思壮、中海达等公司才有了各自的方向定位和业务布局。

华力创通对工程师的要求是非常高的,要求定位精度高,每进步一点都要消耗大量的时间、人力和资本。目前,华力创通在定位精度、抗干扰能力、高动态等方面一直保持领先,在军方的多项比测中都是名列前茅。

未来预期

华力的"困局"已经走出来,"破局"方法基本找到,那么再来看看最近市场关心的高管减持问题。很多投资者不满高管减持,担心是不是内部人都不看好公司未来的发展了。我对这个问题的看法是:只要公司管理层把主要精力聚焦在主业上,公司的经营向好的方向发展,高管的适度减持是无关大局的,管理层也需要激励,也需要享受创业的成果。对于高管减持的公司要区别对待,不能一棍子打死,否则会错失很多好的投资机会,关键是把目光聚焦到公司的主营业务上。

华力创通未来估值提升来自于两个方面:其一,北斗导航应用需求的持续增长，尤其是军用需求的持续爆发；其二，市场整体估值的提升带动北斗板块和华力创通的估值提升。当业绩兑现和市场估值提升叠加在一起的时候，为什么不去尝试拥抱华力一次呢？

第二节　振芯科技:两个维度看其竞争力

我看好的北斗板块的选股逻辑是:在产业爆发的临界点上,最先受益的公司,以及主营业务专注北斗,在北斗的应用上已形成不可替代的竞争优势,而不是指市值最大或者综合营业收入最大。以下从产业链发展路径和北斗业务市销率两个维度来解析振芯科技(300101)的核心竞争力。

"军工国防"引领北斗产业链应用

未来五年北斗产业链投资价值将按照"军工国防、重点行业、大众消费"的顺序渐次展开。军事领域的北斗应用是系统建设的初衷,最先应用毫无疑问;导航领域的大众消费目前由 GPS 主导,北斗的大众应用在 2020 年北斗完成全球组网的时候才能迎来春天。在接下来的五年里,北斗投资的重点是:"国家安全主导下的军工国防"和"各级政府主导下的重点行业应用"。

2014 年 5 月,解放军总参谋部发布《中国人民解放军卫星导航应用管理规定》,明确了北斗在军事战争中的地位。北斗军事应用领域主要有:

一是导航定位,用于飞机、潜/舰艇、车辆的定位导航;

二是精确制导,其高精度用于精度制导的火炮、导弹上;

三是部队定位和调度,用于部队确定自己准确的位置;

四是精确授时,为军用通信网络提供同步授时。

这四块都是振芯科技十几年来逐步建立竞争优势的领域。

占据“军工国防”第一制高点

这里从振芯科技的军品业务和近几年的业内比武和招标来看它的竞争力。振芯科技的军用北斗产品主要是北斗/惯性导航(BD/INS)组合导航技术、北斗二代芯片和终端。公司将北斗业务放在两个子公司里,分别是国星通信(持股比例75.76%)和国翼恒达(全资子公司),前者主要从事北斗终端的制造和销售,后者主要从事北斗元器件和模块的研发。2013年,公司北斗终端实现1.5亿元销售,同比增长69.89%,元器件实现销售额2493万元,合计1.75亿元,占公司2013年总营收2.61亿元的67%。

国星通信自1999年成立开始,专注北斗导航业务,经过数十年的积累,从北斗一代开始,在军事领域已经形成了雄厚的技术积累。

公司IPO文件描述:“振芯在2009年度全军卫星导航定位用户设备11个型号的集中采购招标活动中,国星通信所投的10个型号均中标,其中7个型号排名第一,2个型号排名第二,1个型号排名第三。”

2013年年报显示:“2013年公司抗干扰、基带信号处理等技术已处于国内领先水平,研制的5个型号‘北斗二号’终端产品在国家主管机关测评中获得3个第一,1个第二和1个第三的测评成绩,并被中国人民解放军总装备部及国家国防科技工业局授予‘北斗二号卫星工程建设突出贡献集体’荣誉称号。”

公司业务主要分布在五个板块:卫星定位终端,设计服务,安防监控,元器件,北斗运营;归属三个大类:“北斗导航”“高端器件”“视讯技术”。下面是2013年振芯科技的业务数据:

卫星定位终端:收入1.5亿元,占营收比57.71%,利润8457万元,占利润比71.25%,毛利率56.20%;

设计服务:收入3430万元,占营收比13.15%,利润1201万元,占利润比10.12%,毛利率35.02%;

安防监控:收入3225万元,占营收比12.37%,利润918万元,占利润比7.73%,毛利率28.45%;

元器件:收入 2493 万元,占营收比 9.56%,利润 710 万元,占利润比 5.98%,毛利率 28.49%;

北斗运营:收入 1882 万元,占营收比 7.22%,利润 584 万元,占利润比 4.92%,毛利率 31.03%。终端和元器件业务占公司全部业务的比例达 67%,这两块业务主要集中在四个方面:导航定位、精确制导、部队定位与调度、精确授时方面,毛利率比较高。

从北斗业务市销率看振芯科技的龙头地位①

合众思壮的北斗业务聚焦在高精度行业应用方面,中海达专注于地理测绘行业,中国卫星主营卫星制造,这里不将其加入比较。其他公司北斗业务占比较小且分布在大众应用的下游领域,或者军品订单还处于开发阶段,暂不进行比较。

2013 年,振芯科技北斗终端销售额 1.5 亿元,元器件销售额 2493 万元,合计 1.75 亿元,占公司当年总营收 2.61 亿元的 67%;北斗业务毛利率终端 56.20%,元器件 28.49%;总市值 61.66 亿元;北斗市销率 35.23%。

2013 年,海格通信北斗营收 1.74 亿元,公司总营收 16.8 亿元,占比 10.34%;北斗业务毛利率 56.85%;总市值 153.22 亿元;北斗市销率 88.01%。

2013 年,华力创通北斗营收 7229 万元,公司总营收 3 亿元,占比 23.80%;北斗业务毛利率 57.23%;总市值 50.6 亿元;北斗市销率 70%。

2013 年,北斗星通北斗营收 1.62 亿元,公司总营收 7.78 亿元,占比 20.79%;北斗业务毛利率 40.10%;总市值 58.18 亿元;北斗市销率 36%。

从北斗业务占营业收入的比例来看,由高到低排名为:振芯科技、华力创通、北斗星通、海格通信;从市销率来看,由低到高排名为:振芯科技、北斗星通、华力创通、海格通信。从上述排名来看,在军用北斗领域,振芯科技是当之无愧的龙头,"北斗第一股"的称号当之无愧。但是,排在后面的"小兄

---

① 营收数据为 2013 年数据,市值为 2014 年 6 月 27 日收盘数据,北斗市销率 = 市值/北斗业务营收,数值越小表明北斗业务主营地位越突出。

弟们”的竞争实力也不容忽视。

第一个实力对手当属北斗星通，其军用导航产品包括北斗导航、光电导航和惯性导航三种产品，公司在部队中拥有良好口碑，下属的和芯星通（公司占股76.52%）在北斗的芯片研发方面实力不容小觑。此外，中海达与和芯星通达成战略合作，中海达将逐步加重国产高精度板卡的使用比重，实现进口替代。

其次是华力创通，其发展战略为“立足国防军工，拓展民用市场”，北斗业务营收集中在民用领域，已经量产北斗/GPS 民用 SoC 芯片。把华力放在这里讨论，主要是因为华力在国防军工领域的拓展决心和实实在在的成绩。

最后是海格通信，公司对于发展北斗业务可谓雄心勃勃，但北斗在公司业务中占比较小，10%左右（2013 年数据），在军用北斗领域的竞争力暂时不及振芯科技。海格通信的军用业务较多，军事通信方面实力强大，投资者应持续跟踪公司对于北斗业务的规划和投入。

第三节　合众思壮：十年寒窗无人问，一朝成名天下知

说到合众思壮(002383)，用“十年寒窗无人问，一朝成名天下知”来描述它的历史和未来是最合适不过了。2010 年公司上市之后，股价一路阴跌，即便是创业板大幅走高的两年里，合众一样默默无闻——主营业务看不到起色，更别提利润了。2013 年，合众终于完成了转型，找准了自己的发展道路，不论是在北斗业内的地位，还是资本市场的估值，都验证了合众转型的成功。

公司发展战略

今天的合众主营业务明确，核心竞争力突出，放眼国内，敢和 GPS 竞争的只有合众一个！合众凭什么这么牛？下面就聊聊合众手里的利器。合众竞争力可以用公司的“121”战略来总结——一个核心竞争力，两个业务方向，一个服务平台，如图 6－1 所示。

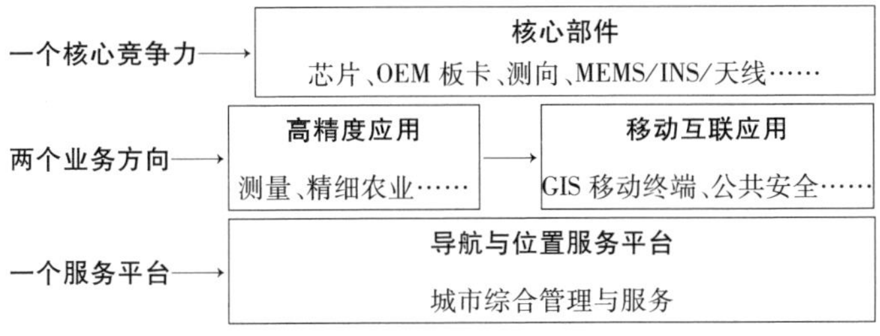

图 6－1　合众思壮发展战略图

“一个核心竞争力”是指北斗核心部件研发生产能力。2013 年,合众思壮全资收购全球第三大卫星导航高精度板卡企业 Hemisphere 公司的高精度业务部门,极大增强了合众思壮的核心技术,使公司获得了核心技术团队和 70 项国际专利。目前,公司已拥有从核心技术研发到芯片、高精度板卡、算法、数据、整机的软硬件研发制造能力。

“两个业务方向”分别是指高精度应用和移动互联应用。高精度应用包含 RTK 测量、智能驾考、精细农业等应用;移动互联应用为公共安全、移动 GIS 采集、电力巡查等领域提供完善的解决方案。

“一个服务平台”是指导航与位置服务平台,以中国位置为基础,向政府、行业和大众提供基于位置的“云 + 端”解决方案。2013 年 9 月,北京市与公司分别出资 1.43 亿元,正式成立平台公司,共建“北京市北斗导航与位置服务产业公共平台”,作为城市基础设施向政府、企业、市民提供服务。2013 年 11 月正式提出“ChinaCM 中国精度”,计划全面打造基于北斗的全球高精度增强系统,使北斗系统定位精度从 10 米提升到厘米级,并覆盖全球运营。

发展突破口:“ChinaCM 中国精度”

业内敢和 GPS 叫板的公司仅有合众思壮一家,合众的突破口就在“ChinaCM 中国精度”。北斗导航系统总设计师、“两弹一星”功勋科学家孙家栋院士对合众思壮公司寄语:“推动北斗导航系统全球布局发展,成为空间信息领域世界领先企业。”但是,北斗凭什么与 GPS 竞争,如何提升北斗服务的全球竞争力?如果不能回答这些问题,推动北斗导航全球产业布局发展也就成为一句空话。

郭信平在发布“中国精度”项目时,系统解释了这个问题:

“GPS 和北斗两个系统,精度相当的情况下,服务区域分别是全球和亚太。运营时间有了 20 年的 GPS 系统稳定可靠运行,北斗才有一年的时间,市场占有率在全球来看 GPS 应该大于 99%,北斗不足 1%。如果没有明显优势北斗凭什么与 GPS 竞争,如何提升北斗全球服务竞争力,这是摆在我们行业同人面前必须回答的问题。我们的结论是:从精度入手,提升北斗服务的全球竞争力。我们要做到你 GPS 有,我北斗比你精确,这样我们就有可能占领先机。提高精度是提升北斗全球服务竞争力的基础,人无我有、人有我精,这个精度是泛精度的概念。

“‘ChinaCM 中国精度’系统建成后,将是世界上唯一由政府控制的全球性高精度增强系统,而其他国家政府建设的系统都是区域性的。从精度入手,中国的北斗首先实现了全球的基于北斗的高精度增强,当然我们也会兼顾其他系统,这样在竞争中就会取得优势。这将会是由中国企业、中国公司在全球资源的协调下、在政府的管理下掌控的东西。‘ChinaCM’基于北斗系统向全球用户提供完全免费的米级甚至亚米级(1～2 米)的完全开放服务,分米级、厘米级精度的增值授权服务。如果你使用北斗,就有可能享受米级甚至亚米级的服务;如果没有使用北斗,这种服务我可能是要收费的,这样差异化的特点就可能成为北斗弯道超车的机会。

“实施的时间表是什么? 在我们发布的时候,技术开发准备已经完全完成,在 2015 年‘ChinaCM’计划提供米级、亚米级(1～2 米)免费服务,2016 年提供分米级的授权服务,2017 年提供厘米级甚至更高精度的授权服务,这是我们的时间表。”

合众思壮从收购导航芯片世界第三的半球公司开始,推动北斗在全球的布局,从“高精度”入手,弯道超车,打造地理信息方面的世界领先企业。今天的合众,业务简单,目标明确,市场已经逐步认识到现在合众的价值了。还是那句话,“十年寒窗无人问,一朝成名天下知”,合众,已经在路上。

第四节　信威集团:天堂和地狱之间的资本游戏

跟踪信威集团(600485)的几个月里,我脑海中浮现最多的就是投机大鳄索罗斯的一句名言:“世界经济史是一部基于假象和谎言的连续剧。要获得财富,做法就是认清其假象,投入其中,然后在假象被公众认识之前退出游戏!”打开行情软件,看着信威,回想起这些年在资本市场摸爬滚打的酸甜苦辣,心中感慨颇多。

2009 年以来,资本市场上发生了很多让我久久难以平静的事情。2010 年,洪都航空的一纸停止注入事宜的公告,坑杀了多少充满激情的投资者,那一幕至今还让我心有余悸。如果说成飞集成的资产注入是 2013 到 2014 年资本市场的靓丽风景线的话,那么对于信威集团的故事,我想用“天堂到地狱”这几个字来描述我的感受是最合适不过的了。

何谓天堂?一个资质一般的公司通过资产重组和注入等运作,转型为主业明确的公司,获得凤凰涅槃的机会,一如 2014 年的成飞集成、闽福发 A、神州信息等;一个公司业绩平平,甚至经营困难,但是赶上行业周期的大反转,一如 2005 年之后的房地产和有色金属等,这样的过程都可谓天堂的感觉。何谓地狱?当年的亿安科技、蓝田股份、东方电子,几年前的重庆啤酒、酒鬼酒、洪都航空、昌九生化,抑或是 2008 年的全球股灾,此可谓地狱。不论对于资本运作的高手,还是对于普通的市场参与者来说,时时刻刻都是游走在天堂和地狱之间。

主营通信设备的企业也能值1200亿元吗

打开行情软件，以总市值对A股市场的股票进行排名，你会发现一只陌生的股票——信威集团，总市值1219亿元人民币，流通市值58亿元人民币，排名第22位（按照2014年11月10日收盘价计算）。排名在此之前的都是大家耳熟能详的中字头：中石油、中石化、工商银行等超级大蓝筹。信威集团在2013年6月的时候，总市值还不足15亿元，而一年半之后市值神话般地膨胀80倍。这期间究竟发生了什么？人们第一反应肯定是资产重组、借壳上市，事实确实是这样，一年半之前这只股票还叫中创信测，是通信行业的一个普通企业，根据公司公告，重组后的信威集团的主营业务仍然是通信设备服务类。

对于资产重组的神话，人们并不陌生，尤其是2013年和2014年的股市。最吸引人眼球的莫过于成飞集成（002190）的重组，2013年6月成飞集成的市值在60亿元左右，在中航集团公告将中航旗下的主要防务资产注入该公司之后，在两个月内，股价从16元迅速拉升到最高超过70元，市值高峰按增发后股本计算，超过800亿元，和当时的超级军工蓝筹股中国重工的市值相当，整体涨幅为15倍左右。成飞集成的资产注入和股价表现，直接引发了2014年中期开始的一轮军工股的炒作热潮，此后的半年时间，十大军工集团的主要军工股和“涉军”的概念军工股的行情可谓波澜壮阔、轰轰烈烈。

对于成飞集成，注入的是核心的防务资产，比如空军的主战飞机和空面导弹资产等，和中国重工的海军作战舰艇资产类似，由于该类资产的稀缺性和垄断性，成飞集成达到800亿元的市值，大家似乎也可以理解和接受。可是对于一个做通信设备的企业，居然可以有1200亿元的市值，就让人费解了，就算是中兴通讯这样的老牌优秀的通信公司的市值也仅仅是400亿元多一点，主做军事通信的海格通信市值还不到200亿元，信威通信凭什么值1200亿元市值？这是不是一个巨大的泡沫？还是背后有什么我们没有看到和理解的东西？[1]

---

① 本节的股票市值数据如无特殊说明，都以2014年11月10日收盘价计算。

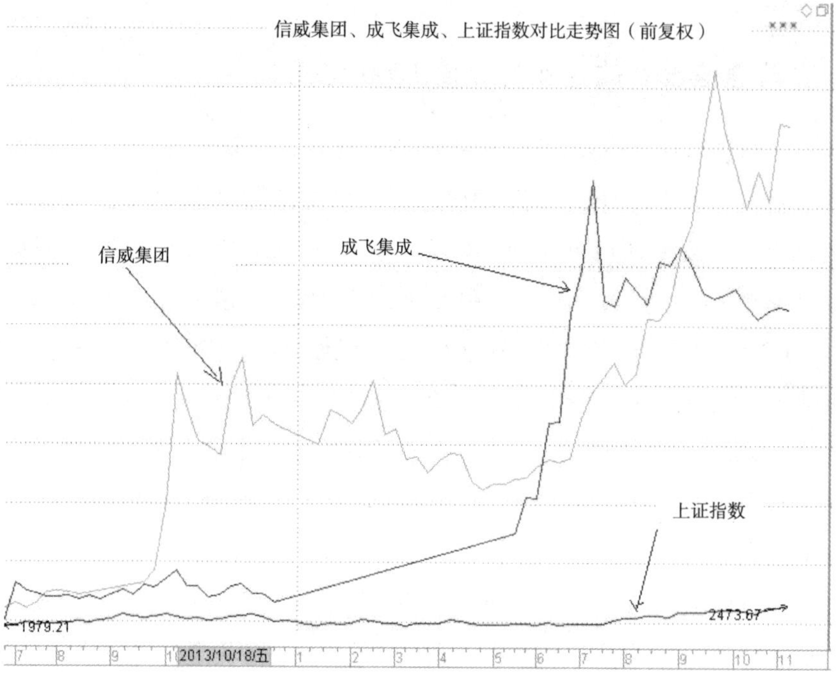

图6－2　信威集团、成飞集成、上证指数对比走势图

下面就从商业模式和业务背景及国家“走出去”的战略规划几个方面，聊聊我对信威的理解。

信威的商业模式有何独特之处

信威集团的通信业务和中兴通讯及华为公司的几个差异是其估值的基础。先说国内市场，中兴、华为主要和电信运营商合作，提供设备和服务，整个通信行业的利润大头在三大运营商手里，中兴、华为还要面对国际电信巨头的竞争，因此中兴、华为在海外市场的拓展力度一直很大。但是海外市场很多时候不尽如人意，比如美国、欧盟乃至印度市场都频繁遭遇反倾销和各种调查，海外市场拓展不仅仅是商业方面的问题，要复杂很多。信威的国外业务集中在柬埔寨、乌克兰、俄罗斯等国家，与中兴、华为的主攻方向有明显差异。在这些国家，不单单可以卖设备、卖软件，还可以深度参与目标国家的基础电信建设和运营。以目前信威在柬埔寨和乌克兰的项目运行看，信威的计划是以柬埔寨为样本,把合作方式、商业模式做成熟之后,再迅速复制到其他类似国家。公司在乌克兰进行深耕,以乌克兰的通信基础设施建设为平台,逐步开展其他领域的深度合作。

实际运作证明,这种模式的运行阻力和难度以及面临的商业外风险明显小于中兴、华为的模式。但是,信威的这种商业模式不是想做就能做成的,中兴、华为在通信领域深耕多年,也做不了这种模式,可是信威做到了。信威凭什么?是不是有什么商业之外的因素?我们不得而知,但是这不妨碍我们做一些合理的推测。

信威的通信业务国内部分集中在特种通信和重点行业通信方面,如中石化、铁路、民航等行业定制业务,这是信威的基础业务。区别于中兴、华为的是其特种通信,也就是面向军事用途的通信业务。这一块主要集中在未来空天网络的建设,发射低轨卫星、组件卫星通信网络,进行空天一体化信息系统建设。

2010 年,信威公司与清华大学合作设立“清华信威空天信息网络技术联合研究中心”,实施“空天信息网络工程”。该工程规划建设覆盖全球的 LEO(低地球轨道)小卫星星座,采用最先进的第四代移动通信技术,满足多种需求业务载荷,以星座的形式实现全球 100% 无缝覆盖,从而推动我国在空天领域实现跨越式发展,占领国家利益制高点。这个空天网络未来还要和北斗导航系统结合,形成太空、中低轨道和地面“三位一体”的通信、导航网络。

2014 年 9 月 4 日 8 时 15 分,由北京信威通信技术股份有限公司联合清华大学共同研制的灵巧通信试验卫星在酒泉卫星发射中心成功发射,该星主要负责水文、气象等领域的监测数据的采集和传输,搭载的信威通信灵巧通信试验卫星主要用于卫星多媒体通信试验。至此,信威集团主导的“空天信息网络工程”徐徐拉开大幕。

信威发卫星、做空天信息网络?这样的业务是不是应该由航天科技集团或者航天科工集团来做?为什么一个民营公司能够做这样的军事工程?如果可以,中兴、华为、海格为什么不参与竞争?这些都是值得我们深思的问题。

以上两点就是信威通信和传统的中兴、华为通信公司的区别:其一,信威在国外市场走“新兴市场”和“深度合作”的路子；其二，信威在国内避开民用通信市场的竞争，走以军事通信为主的特种通信的业务模式，这就是信威的独特商业模式。凭借差异化的商业模式，信威就可以值1200亿元吗？答案是否定的，信威商业模式背后的逻辑才是重要的看点。

信威深耕乌克兰和国家战略有什么联系

要说信威的业务背景，先从“中国版马歇尔计划”说起。从高铁、核电到“一带一路”，以及近期热议的“中国版马歇尔计划”，中国的国家战略已转变为走出去的负责任大国战略。中国拥有全球最多的外汇储备，有全球最强的基建能力、装备制造能力，是名副其实的世界工厂。但是，这些相对先进的产能相对于中国的内需，基建又是“过剩”的。因此，中国积极推进资本输出战略，推进了亚太、非洲、拉美等新兴市场的基础设施建设——高铁、核电、基础电信、油气资源等。

以油气领域的合作来说，2014年，洲际油气出资5.25亿美元收购哈萨克斯坦马腾石油公司95%的股权。马腾公司主要资产位于哈萨克斯坦滨里海盆地的马亭油田、东科阿尔纳油田和卡拉阿尔纳三个在产油田，马腾石油公司拥有三个油田100%的开采权。这些油田所在的滨里海盆地，是国际公认的油气富集而勘探开发程度较低的区域之一，公司后续还将继续收购海外其他油气资产。这是国家“走出去”战略在石油类资源领域的体现。

2014年9月，信威与乌克兰大使馆展开合作，设立“乌克兰之家”，乌克兰之家团队由中乌两国专业人员组成，且与中国国际贸易促进委员会和乌克兰工商会密切合作，旨在促进中乌经贸、文化教育和旅游业的交流，推广中乌先进科技文化成果，深化两国的经贸交流合作，尤其是在农业、大型基础设施、装备制造等领域。

乌克兰之家，名字听起来就很亲切。我们关注的是合作的领域，推广“先进科技文化成果”“大型基础设施、装备制造等领域”这样的关键词给我们展示了什么信息？为此我们先看看乌克兰有什么东西，当然这里说的是我们国家相对短缺的。

一是航天宇航技术。百家企业和数十个科研单位涉及航天技术，其中心和基地是位于东部城市第聂伯罗彼得罗夫斯克的“南方设计局”和“南方机械制造厂”。这里先后设计并制造了四代战略导弹,乌克兰是国际空间站计划成员国。

二是大型运输机技术。“安东诺夫”航空科技综合体是苏联重要航空设计生产基地。该设计局设计和生产的运输机和客机在国际航空市场居重要地位。其中 AH－124、AH－225 是世界上最大运载量的运输机(运载重量达到 250 吨)。最新型 AH－70 运输机采用多项“世界第一”的工艺。

三是航空母舰制造。乌克兰的军舰制造业具有很高的水平,有能力建造包括航空母舰在内的一切舰艇。乌克兰南部城市尼古拉耶夫市是军事造船科技重镇,这里曾建造了三艘航空母舰,包括著名的海军元帅“库兹涅佐夫”号和“瓦良格”号。

四是新材料技术。新材料的研制和生产是乌克兰的强项,在乌克兰集中了苏联时号称为“五大材料研究所”的乌克兰科学院材料学研究所、超硬材料研究所、晶体学研究所、强度问题研究所、金属物理研究所。这些研究所从事的范围之广、成果之巨令人赞叹。

1991 年苏联解体后,乌克兰是独联体国家中科技实力仅次于俄罗斯的科技大国。苏联时期,出于冷战的需要,乌克兰偏重以航天、军工为中心的科研生产活动,苏联解体之后,给乌克兰留下了一个庞大的以军工为核心的科研生产体系。由于这些科研和生产体系事关国家安全,俄罗斯开始逐步在国内寻找替代机构或转移相关生产线到境内,乌克兰的航天军工企业面临订单大幅度减少的尴尬。

欧美军工体系与俄系不兼容,需求全面转向西方困难较大,沿袭俄系装备体系的国家中,只有中国经济实力雄厚,军事装备需求旺盛,20 年来,中国成了乌克兰军事工业第一大消费国。乌克兰已向中国出口了约 30 类军事技术,其中涉及用于大型舰艇的动力系统、大型运输机设计、超音速高级教练机、坦克发动机和空对空导弹等关键装备,但是在核心军工装备和核心技术转让方面还存在巨大的合作空间,如大型航空发动机和燃气轮机的引进和技术合作、航母关键设备和部件的深度合作等方面都是未来中乌之间可以尝试的领域。

乌克兰之家是否能给我们带来意外之喜呢？乌克兰拥有先进的航天、航空、造船、材料、机械等技术，这些都是我们急需的，未来在军工装备领域的进一步引进和技术合作方面，任何一个潜在的机会，都会给市场带来极大的想象空间，从这个角度看，信威集团更多的是一个平台，而不仅仅是一个公司。这个平台的价值就在于拓展了信威的业务空间，彻底打开了公司的成长天花板，而不仅仅在于基础的电信领域合作机会。

不同于传统的科技设备制造商，不同于新兴的互联网商业模式，信威已经打造了自己的独特商业模式，这也是资本市场为之疯狂的理由所在。可是就像当年亿安科技的“高科技事业”，东方电子、蓝田股份的“优秀业绩”，重庆啤酒的“疫苗故事”一样，有了商业模式、盈利模式，即便也有了实实在在的报表利润，但对于游走在天堂、地狱之间的众生而言，仍然要提高警惕。

第五节　中航资本:能否复制"GE Capital"成长路径

中航投资,2012 年重组 ST 北亚上市。2013 年 2 月,"ST 北亚"正式更名为"中航投资",后更名为"中航资本"(600705),英文名称为"AVIC Capital",控股股东依然为中国航空工业集团公司(简称"中航工业")。经过集团的梳理和布局,中航投资被定位是:中航工业集团的金融控股平台,打造金融控股、航空产业投资和新兴战略投资三大平台。

中航资本近年实现了跨越式发展,全牌照金融业务平台已现雏形。最近几年,中航资本积极参与中航工业重大并购、重组,先后投资中航重机、中航黑豹、西飞集团、中航国际公司、沈飞民用航空公司、成飞民用航空公司等。中航资本不断加大对新材料、新技术、新能源领域的投资:与成飞集成一起投资中航锂电,与中航重机一道投资中航激光成形制造有限公司,与香港未来国际航空投资股份有限公司合作投资奥地利未来先进复合材料股份有限公司(FACC AG)。

"GE Capital"全称是"GE Capital Service"(通用资本服务公司),是通用电气旗下专门从事资本运作的控股公司,集团的融资和资金运作业务均由该公司负责,"GE Capital"为通用电气的发展做出了巨大贡献。今天,中国的"AVIC Capital"将在中航工业内承担什么角色?

发展战略

纵观“中航系”这几年在产业界和资本市场的一系列动作，中航意欲何为？是否有意打造中航工业版的“GE Capital”？让我们从中航工业集团的发展战略和上市公司中航投资的战略定位中来看看“中航系”对中国航空产业的布局和展望。

中航工业制定了“两融、三新、五化、万亿”发展战略，“两融”就是改变过去封闭保守的思维，树立开放合作的观念，融入世界航空产业链，融入区域发展经济圈；“三新”就是集团的核心竞争力，由传统的“资产、管理、技术”三位一体，逐步转型升级为“品牌价值、商业模式、集成网络”新的三位一体；“五化”就是推进市场化改革、专业化整合、资本化运作、国际化开拓、产业化发展，最终实现经济规模挑战一万亿的目标。

为配合贯彻中航集团的新战略，中航投资确定了自己的战略定位：

一是构建“全牌照”金融业务平台，打造一流金融控股公司；

二是依托中国航空工业集团公司，拓展产融结合深度与广度；

三是投资新材料、新技术、新能源领域，探索战略产业发展方向。

经营和业绩

资本市场谈公司离不开经营和业绩，下面谈谈中航投资的业务布局和业绩以及投资机会。

如图 6－3 所示，中航投资主要有证券、财务、租赁、信托等业务，从 2013 年各主营业务的业绩分布来看（表 6－3），金控平台下的证券、财务、租赁、信托公司归母净利润占比分别为 11%、26%、34%、26%，合计占比 97%，依然是目前公司的主要业绩来源，新兴产业的孵化器平台贡献利润还需要时间。

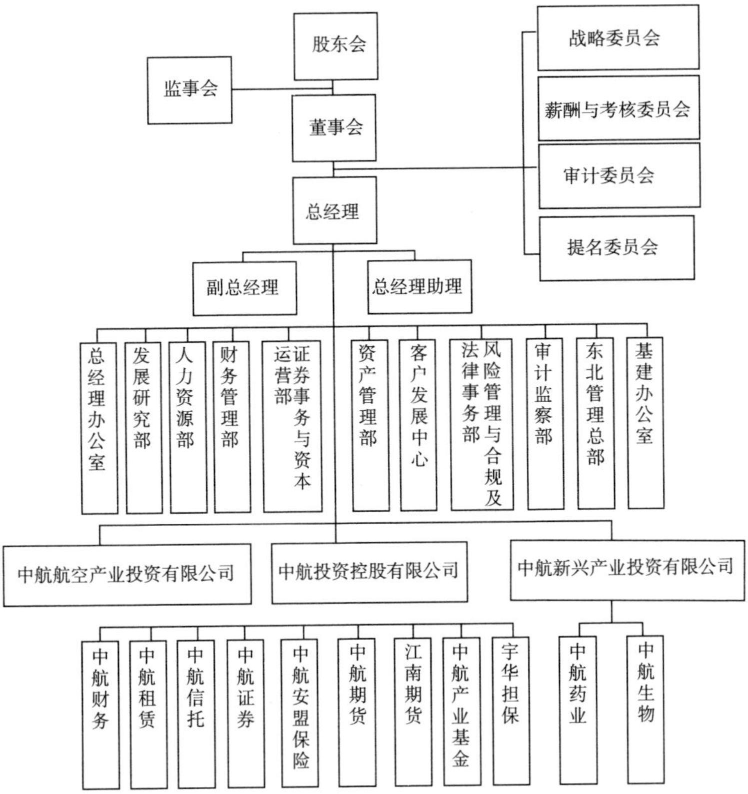

图6－3　中航投资的公司结构图

表6－3　2013年中航投资主营业务构成

项目名	营业收入（万元）	营业利润（万元）	毛利率（%）	占主营业务收入比例（%）
证券公司业务(行业)	60996.76	12106.14	19.85	11.42
财务公司业务(行业)	139697.26	72153.26	51.65	26.16
租赁公司业务(行业)	180171.90	62882.65	34.90	33.74
期货公司业务(行业)	4324.31	－420.50	－9.72	0.81
信托公司业务(行业)	141226.68	85730.66	60.70	26.45
商品销售业务(行业)	7559.10	151.25	2.00	1.42
其他业务(补充)(行业)	0.00	－19730.48	—	0.00
合计(行业)	533976.02	212872.97	39.87	100.00

续表

项目名	营业收入(万元)	营业利润(万元)	毛利率(%)	占主营业务收入比例(%)
租赁及贸易(产品)	180171.90	62882.65	34.90	33.75
利息(产品)	154355.04	102715.11	66.54	28.91
手续费及佣金(产品)	191771.82	186934.29	97.48	35.92
医疗制剂及药用油(产品)	7559.10	3833.95	50.72	1.42
合计(产品)	533857.87	356366.00	66.75	100.00

注:本表摘自中航投资2014年财报。

中航财务:2013年净利润增长8%,未来受益于集团资金归集率提升。2013年营业收入14.0亿元,净利润7.0亿元,持股比例44.5%。2013年净利润增长8%,主因归于贷款余额193.0亿元,同比增长19%。

中航租赁:2013年净利润高增37%,未来受益于资金、项目来源充裕。2013年营业收入18.0亿元,净利润4.3亿元,持股比例57.7%。2013年净利润增长37%,主因归于租赁资产余额260.8亿元,同比增长38%。

中航信托:2013年净利润增长17%,未来受益于市场化运营。2013年营业总收入14.1亿元,净利润7.4亿元,持股比例63.2%。2013年净利润增长17%。

中航证券:2013年净利润增长206%,未来受益于集团资产证券化。2013年营业总收入6.1亿元,净利润0.78亿元,持股比例71.7%。2013年净利润增长206%。

重组前后中航投资的盈利情况如表6-4所示:

表6-4 重组前后中航投资的盈利情况

每股指标	2013年12月31日	2012年12月31日	2011年12月31日	2010年12月31日	2009年12月31日
基本每股收益(元)	0.5500	0.5200	0.0200	3.2200	0.0005
扣非每股收益(元)	0.5100	0.4600	0.0039	-0.0200	-0.0251
稀释每股收益(元)	0.5500	0.5200	0.0200	3.2200	0.0005
每股净资产(元)	3.2799	3.4844	3.2200	3.2200	0.0050
每股公积金(元)	1.1138	1.4867	2.2520	2.2556	2.2556
每股未分配利润(元)	1.0292	0.9088	-0.4279	-0.4268	-3.6455

续表

每股指标	2013年12月31日	2012年12月31日	2011年12月31日	2010年12月31日	2009年12月31日
每股经营现金流(元)	1.0050	2.2840	-1.6100	4.2950	0.0200
成长能力指标					
营业收入(元)	18.8亿	15.4亿	5203万		
毛利润(元)	7.17亿	5.87亿	2312万		
归属净利润(元)	8.44亿	7.22亿	440万	8.83亿	12.4万
扣非净利润(元)	7.74亿	6.40亿	106万	-4.57亿	-688万
营业收入同比增长(%)	22.09	2857.56			
归属净利润同比增长(%)	16.90	16304.77	-99.50	711026.96	68.56
扣非净利润同比增长(%)	20.99	60461.70			
营业收入滚动环比增长(%)	3.98	40.49			
归属净利润滚动环比增长(%)	-4.94	36.83	-99.50	27507.93	-92.82
扣非净利润滚动环比增长(%)	-1.35	23.35			

注：本表数据来源于东方财富网。

行业内企业的估值比较是常用的投研方法，中航投资的同行业估值比较如表6-5所示：

表6-5　中行投资同业估值比较

排名	代码	简称	PEG	市盈率					市销率				
				13A	TTM	14E	15E	16E	13A	TTM	14E	15E	16E
2	600705	中航投资	0.61	36.65	32.32	16.95	13.79	10.32	13.76	14.44	4.24	2.92	2.85
行业平均			1.62	29.94	26.83	21.30	17.68	17.68	9.07	8.00	6.84	5.84	5.52
行业中值			1.21	29.31	26.64	22.51	19.46	15.95	10.24	8.92	7.30	6.35	5.54
1	000415	渤海租赁	0.53	13.28	12.31	10.57	8.47	7.10	1.57	1.93	1.93	1.61	1.44
3	600369	西南证券	0.83	38.55	31.59	25.47	20.33	14.59	11.74	10.38	9.13	7.76	6.71
4	601688	华泰证券	0.96	19.70	18.42	15.87	13.52	11.61	7.00	5.80	5.19	4.54	3.96
5	000728	国元证券	1.07	29.40	21.44	22.51	19.17	16.99	10.09	8.17	8.05	7.18	5.70
6	601377	兴业证券	1.09	34.93	36.72	25.98	21.52	14.58	7.93	7.63	6.36	5.66	3.60

注：TTM是Trailing Twelve Months的简写，其含义就是最近12个月。TTM数据是一个滚动概念，每个季度都会不同，在不同国家和地区的同行业上市公司间进行比较，使用TTM数据比较科学。

未来发展展望:能否复制"GE Capital"的成长路径

中行投资能否复制"GE Capital"的成长路径是需要时间来跟踪和考察的。一句话总结就是:长期看中航系的资本运作和资产证券化,中期看定增后的新兴产业孵化器平台进展,短期看对成飞集成股权投资的盈利催化。

在2014年的军工改制和资产证券化的大背景下,中航系的后续动作值得期待,这是一个长期的过程,中航旗下诸多的优质资产都是值得期待的业务领域。

2014年第一季度公司完成定向增发,募资50亿元,这对公司的创投业务和孵化器平台提供了资金保障,而新材料、新技术、新能源领域的项目进展则为公司中期增长预期提供了想象空间。

近期的中航工业防务资产证券化业务中,公司参与的定增股票——成飞集成复牌后从15元上涨到58元,涨幅超过280%,公司持股成本16.6元,认购0.81亿股,浮盈约33.5亿元,2013年扣费净利润7.74亿元,除去成飞集成市场情绪估值溢价和这部分股权三年锁定期的因素,中航投资短期存在明显的重估机会。

第六节　中海达:“三驾马车”驱动下的明星成长股

中海达(300177),2011 年在创业板上市的一只普通股票。开始的一年里,名不见经传,可是三年后,中海达已经成为“优质成长股”的典型代表——连续 7 年稳定增长的营收和净利润,稳定的 ROE、毛利率和净利率。这只是中海达的过去,今后的中海达更具备“明星成长股”的潜质,将在“三驾马车”的带动下,开启“明星成长”之旅。

地理信息战场:硝烟弥漫

当今,世界各国都把地理信息资源作为重要的战略性信息资源。地理信息包括矿产储量分布、海域划界、人防工程分布、城乡居民分布等空间相关数据,关系一个国家的经济、政治、军事等方方面面,涉及国家安全。基于安全因素,外资将很难介入。

未来作为经济的重要一环,地理信息产业将扮演极其重要的角色。2014 年初,国务院正式颁布了《关于促进地理信息产业发展的意见》,明确把地理信息产业列入国家战略性新兴产业。大力发展地理信息产业,就是要培育自己的品牌和公司。如果说地理信息产业的过去两年是暗流涌动的话,那么对于该行业来说,2014 年则是风起云涌的一年。

2014 年 2 月,阿里巴巴收购高德之后不久,腾讯闪电入股四维图新,在日趋白热化的移动互联入口争夺战中,空间地理信息提供商已是互联网巨头们厮杀的重要战场。中海达也不甘寂寞,动作频繁,先是与百度签订激光全景街景数据的采集合同,之后设立全资孙公司涉足O2O,再换股收购联睿电子,布局室内定位市场。

国际巨头苹果公司,近两三年在该产业也是下足了功夫,继收购Placebase和Poly 9、C3-Technologies等地图公司之后,2013年又连续收购6家与地图有关的公司——可提供高精确度室内位置定位的WiFiSLAM,能够提供商家信息列表的Locationary,能提供全球500个城市的公交、汽车、步行地图导航方案的HopStop,公共交通实时信息提供者Embark,地图数据的管理分析服务商Broadmap,可提供跨越多个平台笔记应用的Catch。国际国内市场对地理信息产业的情有独钟由此可见一斑。

地理信息产业、移动互联网以及新一轮海洋开发的热潮,给国内相关企业开辟了巨大的蓝海,对于已经在该领域深耕十几年,已经成为实力玩家的中海达来说,自然不会错失这场地理信息产业的盛宴。那么,中海达凭什么参与和分享该轮盛宴?中海达是一家什么样的企业?在地理信息产业链中它是如何布局和定位的?它有什么样的独特业务架构和盈利模式?它未来成长的驱动力在哪里?下面笔者就详细谈谈中海达昨天的故事、今天的情况、明天的方向。

中海达是一家什么样的企业

1999年底,当时已经是我军知名测绘专家的廖定海脱下了军装,毅然选择自主创业,白手起家创办了中海达。他从1个人开始,多方筹措近60万元的启动资金,在广州空军医院租用了100平方米的办公场所,招聘了五六个人,走上了充满传奇的创业之路。

相对于业内其他企业,中海达的成立并不算早,但却能迎头赶上、后来居上,绝非偶然。改革开放以来,中国经济持续高速发展,中国测绘事业突飞猛进、日新月异。国内对于GPS产品的研发始于20世纪90年代初,主要集中在一些高校和科研院所。到90年代中期,开始有产品出来,但还没有产业化、商业化。我国拥有了足够强的测绘技术,但却缺少企业做出能够满足消费者需求的 GPS 商品。中海达创立的时期,正是国产 GPS 产业呼之欲出、开始起步的阶段,市场急需企业来填补空白。中海达在这样的背景下应运而生,生逢其时,因而发展过程顺风顺水。廖定海也因此直接创导和推动了 GNSS 技术国产化、产品化、市场化,成为中国 GNSS 行业的带头人。

2011 年 2 月 15 日,中海达在深圳创业板上市,是国内测绘地理信息技术装备领域第一家,也是迄今为止唯一一家上市企业。公司上市后,积极拓展光电产品、三维激光、精细农业、特种车辆及船舶导航与监控、机械精密控制等新兴业务领域。

目前,中海达已经拥有广州市中海达测绘仪器有限公司、广州中海达定位技术有限公司、苏州迅威光电科技有限公司以及武汉海达数云技术有限公司等多个子公司。产品广泛服务于农业、林业、国土、海洋、石油、电力、电信、交通运输等 40 多个国民经济基础领域;成功运用于北京奥运会安保、第 26 次南极科考、京沪高铁施工工程、青藏高原青海湖勘测、第二次国土普查、中国近海海洋综合调查与评价、广东电网营配一体化等多个项目,并远销巴西、俄罗斯、加拿大、意大利、西班牙、希腊等世界各地。

中海达以地理信息装备起家,经过十多年的发展,已经将装备领域拓展到三维激光产品、光电测绘产品、高精度卫星定位产品(GNSS)及海洋声呐产品等各个领域,在空间数据采集装备方面构成了业内首屈一指的大布局,并发展成为业内龙头。当下,借着传统硬件装备的优势,该公司在积极布局软件,已逐步延伸到空间信息产业各个领域,初步构建了“数据采集 + 数据提供 + 数据应用”的空间信息产业链。上市之后,公司股价大幅跑赢沪深 300 指数和创业板指数,如图 6 - 4 所示,成为市场的明星成长股的典范。

中海达股价大幅走强的背后,是公司各项业务的不断成长,营业收入和归属净利润稳定大幅增长。2007 年公司营业收入 1.01 亿元,归属净利润 0.15 亿元,到了 2013 年分别是 5.38 亿元和 1.08 亿元,7 年间营收增长 5 倍,利润增长超过 6 倍,毛利率稳定在 40% 左右,净利率保持在 15% ~20% ,正是基本业务的稳健与高成长成就了中海达在资本市场的精彩。

图 6-4 2011—2014 年中海达与创业板指数、沪深 300 指数对比

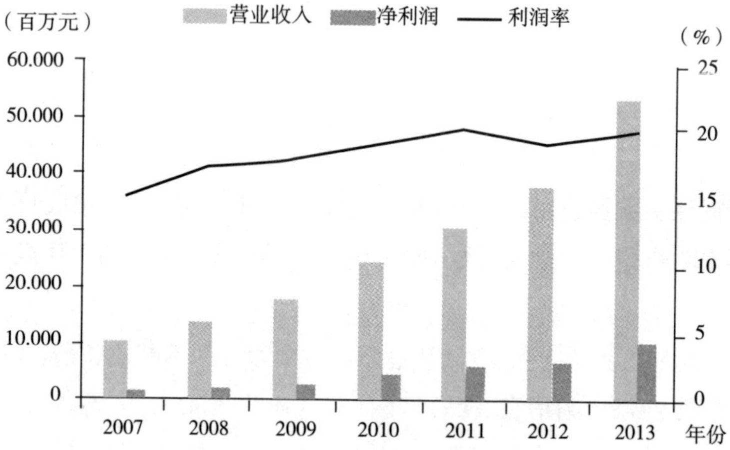

图 6-5 2007—2013 年中海达营业收入、净利润、利润率对比

中海达所处产业的生态:国内双寡头垄断

卫星导航定位技术指利用全球卫星导航定位系统所提供的位置、速度及时间信息对各种目标进行定位、导航及监管的一项新兴技术。与传统的导航定位技术相比,由于卫星导航定位技术具有全时空、全天候、连续实时地提供导航、定位和定时的特点,因此,全球卫星导航定位系统一经问世,很快就深入到各国军事、安全、经济等众多领域,使航空、航海、测绘、机械控制等传统产业的工作方式发生了根本的改变,开拓了位置服务等全新的信息服务领域,并迅速发展成为一个新兴的产业——卫星导航定位产业。

首先看一看卫星导航定位产业链的整体概况。按照定位精度差别可区分为两大服务群体:一是高精度 GNSS 行业,常规使用的定位误差在米级以下,应用在测绘勘探、地理信息、地质灾害监测、精细农林业、国防、时间同步等领域;二是消费类行业,如手机导航、车载导航等。

2013 年末,结合产业发展阶段和公司业务动态,中海达给自己的战略定位是"继续以卫星定位技术、声纳探测技术、激光扫描技术为技术主线,以空间信息产业链为业务线条,构建和完善空间信息数据采集装备、空间信息数据提供、空间信息数据应用及解决方案等三大产业链环节,力争成为国内优秀的空间信息产业的一体化解决方案提供商"。高精度卫星导航在地理信息行业中,属于技术壁垒较高,附加值大但参与者较少的细分行业。这个市场只面向专业用户和特定用途的应用市场,又称"专业市场",例如测绘、地理信息(GIS)、地质灾害监测、精密施工与机械控制、精细农林业、资源管理、国防、时间同步等。

中海达瞄准的市场属于高精度测绘,行业内只有极少数企业进行有效竞争,由于品类繁多而单品市场容量小,因此这是一个实力小的企业难以与中海达抗衡而资金规模大的企业不愿意进入的特殊专业市场。对于这少数企业的竞争,中海达借助 IPO 上市后,明显有了更大优势,且董事长收购兼并意识很强,未来除了内生性增长,可能还会有收购兼并预期的外延增长。对于低精度的消费类市场,竞争很惨烈,我们平时使用的导航系统就属于这类，中海达暂时很少涉及。在行业平稳增长的背景下，国内高精度卫星导航行业竞争格局趋于稳定，双寡头之势已然确立。

中海达业务模式："全产业链"布局

中海达所处业务领域为高精度卫星定位与测绘、海洋探测、地理信息与智慧城市等，前两项隶属"卫星产业及应用"和"海洋工程装备"范围，均属于十二五期间重点发展的战略性新兴产业，后者属于"测绘地理信息"范畴，是国家重要的基础性、战略性资源，广泛应用于经济、国防建设和社会发展的各项领域，尤其是涉密测绘地理信息，直接关系国家安全。

身处于一个国家大力支持的战略新兴产业，面对一个巨大的蓝海市场，又通过自身的努力占据了一个很好的位置，可以说，中海达处于一个最佳的市场机遇期。下面来看看中海达是如何进行业务布局，进而把握这个机会的。中海达的业务布局情况如图 6 –6 所示：

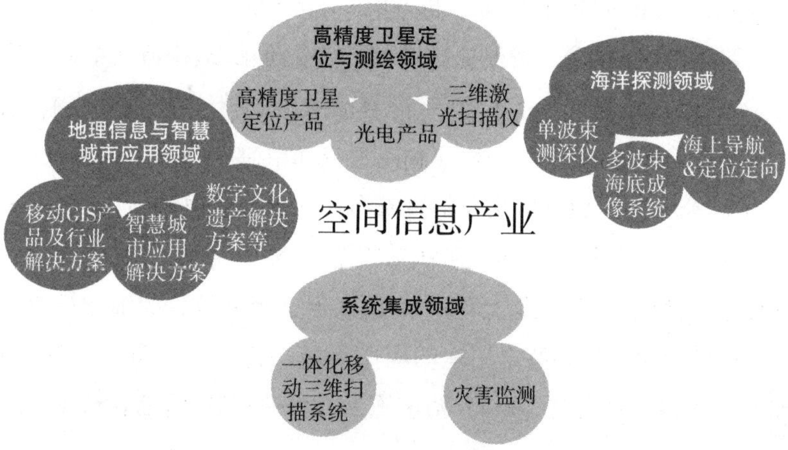

图 6 –6　中海达的业务布局

中海达在"数据采集装备、数据应用及解决方案、数据提供"三大方向上形成了"高精度卫星定位产品、声呐探测系统产品、激光扫描系统产品、系统集成及解决方案产品"四大产品群，在高精度卫星定位与测绘和海洋探测领域的营收占到公司营收的九成左右，数据提供和系统集成服务收入占比一成左右。2013 年年底公司财务报表的口径已经从四大产品统一到三大方向上。

中海达重构三大业务板块

中海达在 2013 年年报中将业务按产品划分为三大板块,分别为数据采集装备、数据应用及解决方案、数据提供,之前按照产品类型划分为四大产品类。这个调整反映了公司的战略布局,今后公司的业务发展都是在这个框架内进行。表 6－6 为公司 2013 年的营收数据,以下将对三个业务板块进行解析。

表 6－6　中海达 2013 年营收

2013 年 12 月 31 日	主营构成	主营收入(元)	收入比例	主营成本(元)	成本比例	主营利润(元)	利润比例	毛利率(%)
按行业分类	空间信息产业	5.38 亿	100.00%	2.66 亿	100.00%	2.72 亿	100.00%	50.56%
按产品分类	数据采集装备	4.88 亿	90.60%	2.45 亿	92.05%	2.43 亿	89.18%	49.77%
	数据应用及解决方案	4525 万	8.41%	2103 万	7.90%	2422 万	8.90%	53.52%
	数据提供	537 万	1.00%	13.6 万	0.05 万	523 万	1.92%	97.47%
按地区分类	北方区域	3.40 亿	63.12%	1.72 亿	64.74%	1.67 亿	61.53%	49.29%
	南方区域	1.47 亿	27.32%	7351 万	27.62%	7356 万	27.03%	50.02%
	国外	5144 万	9.56%	2032 万	7.63%	3112 万	11.44%	60.50%
2013 年 6 月 3 日	**主营构成**	**主营收入(元)**	**收入比例**	**主营成本(元)**	**成本比例**	**主营利润(元)**	**利润比例**	**毛利率(%)**
按行业分类	高精度卫星定位与测绘领域	1.60 亿	77.26%	8133 万	79.76%	7845 万	74.82%	49.10%
	海洋探测领域	2395 万	11.58%	1091 万	10.70%	1304 万	12.44%	54.44%
	地理信息与智慧城市应用领域	1607 万	7.77%	630 万	6.18%	977 万	9.32%	60.79%
	系统集成领域	701 万	3.39%	342 万	3.35%	359 万	3.42%	51.20%

续表

2013年6月3日	主营构成	主营收入(元)	收入比例	主营成本(元)	成本比例	主营利润(元)	利润比例	毛利率(%)
按产品分类	高精度卫星定位产品	1.59亿	76.85%	7855万	77.03%	8040万	76.68%	50.58%
	声呐探测系统产品	2395万	11.58%	1091万	10.70%	1304万	12.44%	54.44%
	激光扫描系统产品	1534万	7.42%	900万	8.83%	634万	6.04%	41.32%
	系统集成及解决方案产品	858万	4.15%	351万	3.44%	507万	4.84%	59.11%
按地区分类	北方地区	1.31亿	63.22%	6622万	64.95%	6453万	61.55%	49.35%
	南方地区	5692万	27.52%	2810万	27.55%	2882万	27.49%	50.64%
	国外	1941万	9.26%	765万	7.50%	1150万	10.97%	60.06%

- **业务板块一:数据采集装备(4.88亿元,收入占比90.6%)**

(1)2013年,公司推出了全面支持北斗+GPS+GLONASS系统的高精度卫星定位产品,公司已成为北斗专业应用市场的领先企业。

(2)在原有光电测绘产品基础上,公司开发出了多款光电测绘产品,测程更长,产品功能更加丰富,并完成新一代小型化全站仪的前期研发设计工作。

(3)完成了自主多波束产品的后续产品测试和产品化开发工作,产品性能基本达成预期目标。同时,研发新一代测深仪、定位定向仪和海测站等产品,提升公司产品市场竞争能力。

(4)公司完成了一系列三维激光产品的研发和产品化工作,推出了包括地面三维激光扫描仪、移动三维激光测量系统和轨道检测系统,移动三维激光测量系统推出了车载、船载和背包式等多种类型的产品。

公司推出的移动三维激光测量系统将各个模块高度集成在一个刚性平台上,相比国外产品更便于携带、使用,可以安装在车辆或者船舶上进行使用;还推出了集全景照相和三维扫描于一体的街景数据采集系统,并配套专业的生产和发布软件,广泛应用于互联网街景地图、数字景区、数字城管、数字公路、数字航道等领域;轨道检测系统实现了扣件自动化检测功能,走在了行业的前列。

● 业务板块二:数据提供(537 万元,收入占比 1%)

推出高清激光全景街景地图数据,在用户体验感、数据信息和应用等可拓展性方面较单一的全景影像街景数据产品更有优势,成为街景数据发展的方向和主流。

随着国内三维激光扫描等相关技术的发展,三维空间信息作为空间信息的主要表达方式已成为不可逆转的趋势,三维空间信息真实反映了现实客观的空间环境,可广泛应用于智慧城市、文物保护、工业工程、交通、电力、国土、军事及互联网的各项增值服务领域,比如通过三维数据采集装备采集获取的各地区的建筑、桥梁、道路、山川等三维空间信息数据信息,能为政府对社会经济发展与自然资源空间分布的统一管理提供重要的数据基础。

腾讯、百度等互联网厂商已正式推出街景地图服务,未来三维实景地图和商业信息的结合,将打开位置服务商业应用新的市场大门,将衍生出众多改变人类生活的新应用。

● 业务板块三:数据应用及解决方案(4525 万元,收入占比 8.41%)

(1)在数字文化遗产解决方案上,继续完善数字文化遗产解决方案,形成文物信息平台、库房管理信息平台、考古工地数字化和数字博物馆等四大解决方案,形成了可复制性的解决方案产品。

(2)在北斗灾害监测应用上,推出了基于北斗系统的成熟灾害监测解决方案,另外,还推出了农机自动化和机械精密控制解决方案。

公司生产的高精度测绘设备包括全站仪、卫星导航测量仪器、三维激光扫描仪和海洋测流测深等多种仪器,全面应用于数字城市建设阶段。公司的研发每年都有持续投入,紧跟国际潮流。卫星导航(GNSS)测量仪器是传统产品,公司在跟随行业持续稳定增长的同时提高市场份额,收购光电产品体现品牌和渠道价值,通过现有渠道快速低成本地实现销售,三维激光扫描技术打破国际垄断,可应用于建立数字城市中建筑和文物等空间位置的数据库。

如图 6-7 所示,公司几年来的毛利率和净利率一直保持在稳定的高利润状态,显示了中海达产品的市场竞争力和盈利能力。

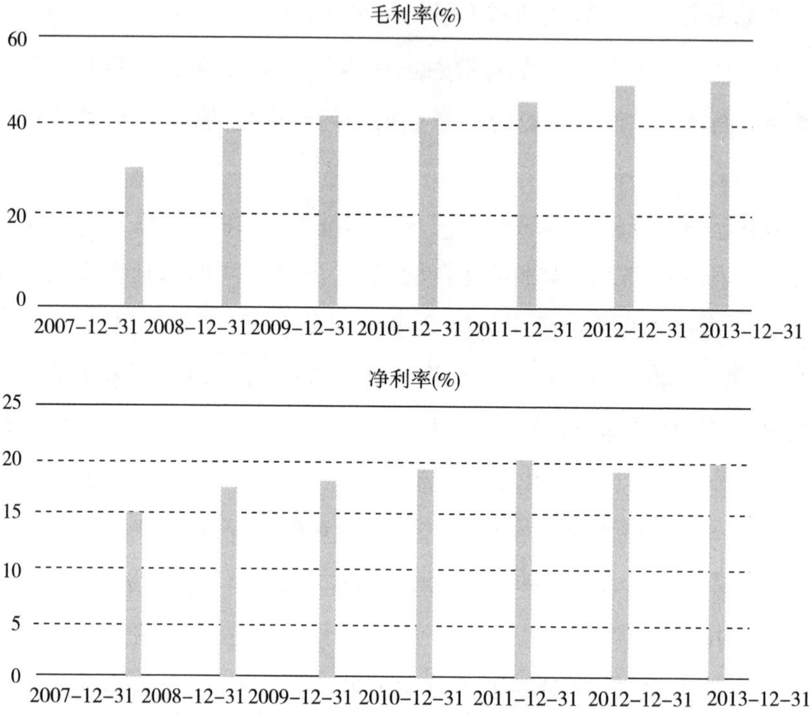

图6-7 2007—2013年中海达毛利率与净利率

中海达成长动力:“三驾马车”驱动

有市场,有产品,有定位,那么如何将这个优势转化为企业的成长呢?如何落实到公司业绩上呢?中海达正通过内生成长+外延拓展的方式,不断完善空间信息产业链布局,在空间信息产业链三大环节“数据采集装备、数据提供、数据应用及解决方案”进行系统规划,立足于提供全方位测绘产品及服务。图6-8是中海达的成长路径。

中海达的业务起源于传统的测绘业务,如果仅谈传统的测绘业务,难以给出高估值或对未来成长性有很好的展望,可是一直以来市场给予中海达的估值都高于行业平均水平,这正是市场对于中海达新兴业务和海外市场的高预期。“海洋探测产品的进口替代机会、海外市场的巨大空间、新兴数据服务”构成了中海达成长动力的“三驾马车”,一句话概括中海达的成长和

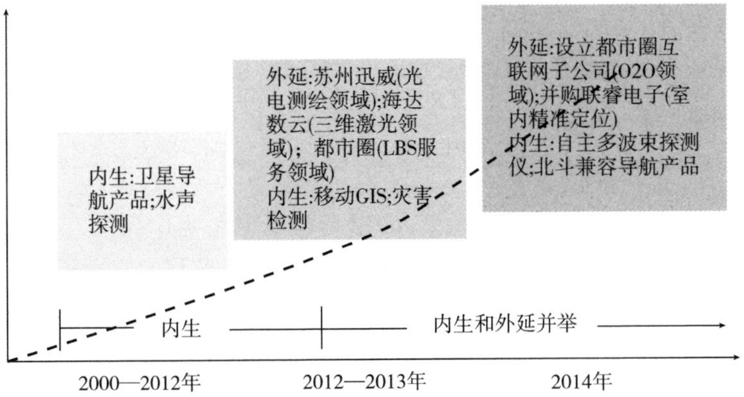

图6-8　中海达成长路径示意图

估值就是"传统硬件业务构建安全边际，新兴数据业务提升估值空间"。

● 驱动因素一：海洋探测装备进口替代

中国海域辽阔，海洋资源丰富，与周边国家争端也较为复杂，海洋测绘产品是国家强化海域和海岛管理的利器，未来几年对海洋产品的需求明确而又迫切。而对于海洋的开发、利用必须以了解海洋为前提——这需要对海底地貌、水深、流速等进行高精度测量，而我国在海洋声呐产品方面落后了15～20年，进口替代势在必行。从国土安全角度考虑，未来三年该市场规模将达40亿元左右，对于这一细分领域的国产化趋势市场尚未充分认识，中海达海洋产品业务将提供基本的估值基础。

中海达逐步由代理转向自研，并通过并购完善海洋产品布局。中海达在高精度导航测绘领域的发展经验有望在海洋产品领域得到复制，公司定位高端产品且目前已逐步从代理产品转向自主研发，并通过外延并购的方式扩充产品线，逐步拥有单波束、多波束、测深仪、ADCP等系列产品，公司在海洋产品方面有望呈现高增长。

军工资质的获批，无形中为公司业绩的增长提供了更大的空间。公司已经为海军提供产品，进行海洋探测，为我海军对水面、水下舰艇的航线航道的了解和规划提供了极大的方便，这一块市场将来也是公司重点拓展的方向之一。

• **驱动因素二:海外市场的10倍空间**

公司现有各产品及业务面临的市场均不同,从公司的角度,对高精度卫星定位测量产品,国内市场容量约在10亿元~15亿元,光电测绘产品约20亿元,声呐产品国内民用市场大约30亿元~50亿元,三维激光产品大概15亿元,上述装备类产品国外市场更大,像高精度卫星定位测量产品、光电测绘产品海外市场规模一般为国内的15倍,估计声呐产品更大,在30~40倍。还有公司收购的联睿电子的室内定位业务,未来国内市场接近100亿元,声学管道监测市场未来有将近1000亿元的市场规模。数据应用和解决方案,因大部分市场均刚刚起步,都属于新兴产业,比如灾害监测、数字文化、O2O业务等,国内未来市场空间很大。

公司海外业务也就这两年开始拓展见到效果,所以我们仅看增长情况的速度和高度。不考虑新品种投放的营收增长,2012年公司海外营收额是3379.60万元,毛利是54.76%,2013年海外营收5144.00万元,毛利60.50%,营收增长是52%,增速可观。

2013年中海达主营收入5.38亿元,国内市场规模80亿元,海外10~15倍于国内空间的市场,公司占行业份额近三成,潜在市场空间就不用多说了。海外收入目前只占主营收入的9%,爆发潜力不言自明。中海达成长价值源于此,产品梯队更加丰富,业务拓展形态更加多样,国内市场稳步增长,国际市场空间巨大。

• **驱动因素三:数据提供与运营**

2013年,中海达创造营业收入近5.4亿元,同比增长41%,其中硬件装备的营收占比为85%以上,数据和整体解决方案占不到15%。2014年"数据采集、数据提供、解决方案"三大业务都有望持续成长,但收入结构将发生积极的变化,数据和应用服务占比将持续增大,在未来发展规划中,这样的"调结构"式的发展将成为公司业务发展的特征。未来几年,硬件装备仍能保持20%~30%的增长幅度,信息数据则是从无到有的过程,增长幅度会更快,2013年"数据提供"业务营业收入537万元,收入占比仅为1%,在中海达将来完成"硬件设备商到数据提供商"的角色转换后,这部分业务提供了巨大的成长空间。

随着智慧城市的建设,手机导航、汽车导航等各种便捷应用层出不穷,未来人们对地图的需求日益强烈,这也是各大互联网巨头纷纷“抢食”地理信息供应商的原因,而激光三维街景更是代表着未来地图数据发展的趋势,其重要性不言而喻。公司以子公司都市圈为平台,积极向地理信息产业下游产业延伸,成功抢位成为百度“激光全景”的数据提供商。同时积极开展数据应用及解决方案业务,已形成网格化社区管理、数字文化遗产等解决方案,并在多地智慧城市和文物项目中中标。

至于数据业务爆发的时间点,则需要等待行业局势的进一步明朗。测绘系统和规划系统等都有一个或多个空间数据采集团队,他们采购中海达的设备,采集数据,然后加工。等到某个时段,相关部门会发现,购买设备和养活团队的费用,要高于从中海达购买空间数据的费用,那一天,也就是专业领域大爆发的时间。

未来中海达依靠“全产业链”的布局思路,集中发力“软硬件准备、数据提供、解决方案”三个领域,继续构建自己在地理测绘领域的独特优势。未来的中海达成长,不论是公司规模、市场占有率还是营收利润和市值,都会爆发在三个方面,即驱动中海达成长的“三驾马车”——“海洋探测产品的进口替代机会、海外市场的巨大空间、新兴数据服务”,软硬件海洋和测绘产品提供中海达的成长安全边际,新兴业务提供了中海达的估值提升空间。中海达昨天一路走向辉煌,今天走在“更加辉煌”的路上,明天,能走到什么程度?我们拭目以待。

第七节 欧比特:“芯片式卫星”或助力冲破天花板

十年来,我在卫星和导航产业领域学习和工作,对卫星、火箭、雷达、飞弹、导航等有着深厚的感情。作为一个中国人,我十分关心这些事业的发展,每当有重大技术突破和产业化进展的时候,我都很激动,很兴奋。这些年,我一直留意微小卫星的发展,因为这将是以后空天资源的主要战场。因此,欧比特发布“芯片式卫星”业务计划让我十分兴奋。

公司成长的突破口:芯片式卫星

2014 年上半年,欧比特(300053)发布公告称,将成立上海欧科微航天科技有限公司,该公司成立后,将启动芯片式卫星的研制,从事航天、卫星领域的业务。

之前的欧比特用一句话就可以清晰地描述:处于中短期天花板下的一个好公司,好业务,现金牛。欧比特是从事集成电路封装业务的,基于微型化的处理器做一些芯片领域的硬件产品。欧比特的产品集中在航空航天和测控方面,业务主要分布在北京、上海和西安等航空航天科研院所较集中的地方,在北京成立了欧比特控制工程研究院,与北京航空航天大学以及航天科工、航天科技等单位形成了稳定的产学研合作关系。在上海成立欧科微航天科技有限公司,今后将与上海微小卫星工程中心开展合作。

欧比特在航空航天领域的技术和客户积累毋庸置疑,在国防和工控领域的客户和订单超过70%,这些都是优质客户,合作关系稳定,坏账的可能性很小。但是它却长期得不到资本市场的关注,主要原因是业务缺乏增长的空间,即使是国家每年的军费和专项经费持续增长,但是落实到国防芯片产品这一块就没多少了。

通过多年跟踪观察,笔者发现,欧比特的一个最大特征是营业收入、毛利和净利润都比较稳定,每年保持在2000万元左右的收入规模,给40倍估值,8亿元市值的估值中枢,这是欧比特的基本安全边际,反映了欧比特缺乏一个打开成长空间的突破口,公司的发展遇到了中短期天花板。2013年下半年开始,在重组并购的预期下,市场将欧比特的市值给到20亿元以上,2014年开年,公司宣布终止重组,进入短暂的停歇。随着军工北斗板块走热,欧比特的市值突破30亿元,此时公布上海成立微小卫星事业部门,一下子打开了欧比特的想象空间——以前只是给卫星平台、空间武器、飞弹军机等做配套航电芯片产品,现在自己从芯片卫星开始,着手建立自己的空间平台了!虽然这仅仅停留在一则公告的阶段,仅仅是“星星之火”,但是这解决了困扰欧比特人好几年的问题——今后走什么路的问题有了方向性的突破,至于能不能形成“燎原之势”,那需要时间和观察,至少欧比特给了我们一个观察它、追踪它的理由。

大势所趋

2013年6月,谷歌公布了Loon项目,通过热气球为偏远的地区提供WiFi网络;2014年4月,谷歌收购了太阳能无人机公司Titan Aerospace,作为其网络服务的储备力量;2014年6月3日,《华尔街日报》的消息称,谷歌计划花费超过10亿美元来部署180个近地轨道卫星,为全球偏远地区的居民提供互联网接入服务。

谷歌为什么要做这件事情?就出发点来说,谷歌做这些是为了占领未来业务的制高点,抢占先机。抢占的是什么?空天资源!这个应该是政府和军方做的事情,谷歌这么热衷不由得让人怀疑其背后是否有其他力量。

一个公司尚且如此,更别说一个国家了,对空天资源的抢夺势在必行。

世界范围内,这个领域的争夺和占领这些年一直没有停止过,抢夺同步卫星轨道资源,抢夺导航系统频率资源,抢夺太空制电磁权等,从来都是暗战不断。大个头卫星独占鳌头的时代逐渐过去了,很多国家研究的反卫星武器的性能已经很先进了,四大导航系统——GPS、北斗、格洛纳斯、伽利略,任何一个都因这个隐患着急上火。

2014 年 6 月,美国宇航局发布了芯片卫星的发展计划,芯片卫星和微小卫星将是今后各国都要占领的制高点,与大卫星形成互补和协同的优势。

跟踪和研究北斗产业链公司的过程中,我一直在思考这些问题:这个产业链上什么样的公司是具有核心竞争力的?什么样的公司已经完成业务布局,抑或完成价值毁灭的过程,开始走上价值成长的道路?什么样的公司能够伴随产业的发展,在五年之后成长为中青年蓝筹企业?中国卫星和海格通信不用多说,小公司里,振芯科技是一个,合众思壮是一个,中海达、北斗星通、华力创通都算是,四维图新联手腾讯之后更是值得期待的标的,这些公司的共同特征是已经在前几年完成自己的定向定型,都已经专注在自己的特长上并进行了几年的深耕,在细分领域都形成了不可替代的优势。欧比特因为业务发展的天花板问题,这几年一直引不起市场的兴趣,但是公司也在默默努力。今天,欧比特回来了,欢迎北斗阵营又多了一位可预期成长的伙伴。

欧比特的这则公告,没有具体业务布局,没有具体经营计划,更没有可以预期的利润兑现,表面上看,一切照旧,可是我却感受到了欧比特的暗流涌动,感受到了欧比特人突破进取的脉搏。此刻我最想说的一句话是:欧比特,欢迎你回来。

后记

进入股市一晃快十年了。这本书是对我过去十年投资生涯的一个总结,是我作为一名草根投资人的投资笔记。我将自己这些年投资股市的坎坷历程、诸多失败教训从记忆里痛苦地翻出来,将自己对市场、投资理念、投资策略的理解,以及对军工行业的研究心得分享出来和大家一起交流,一来希望能够警醒自己尽量少犯同样的错误,二来希望能给还没有建立操作体系的股市新朋友们一点建议。

我的股市经历和大多数人一样,从对股市懵懂无知、胡乱炒作开始。典型的表现就是,买入股票后十分担心,特别是在浮亏的情况下,严重到吃不下饭、笑不出来、睡不着觉。整个晚上,不停翻看各类股评,打探消息,对于明天的股价会怎么走,一点把握都没有,心里没有一点底。长期下来,面容憔悴,精神恍惚,压力巨大。本来介入股市做投资是想提高生活质量,结果却恰恰相反,搞得自己很痛苦,很受折磨,没有丝毫的幸福感。为什么别人投资可以做得挥洒自如,而我有的只是不停地犯错、纠错、再犯错、再纠错——我错在哪里?

经过数年的艰苦摸索和不断反省,经过无数个不眠之夜,我终于明白,自己错在投机和快速致富的心态上——把股票当成一个代码,至于背后的公司是做什么的,行业和公司的业务景气度如何,一点都不关心。生活中,我买一个手机都要货比三家才下手,可是买股票呢,可以说是毫无准备。就像上战场打仗,自己既没有铠甲和武器,也没有练就一副好身板,凭什么和对手过招?于是,痛定思痛,我开始从两个方面反省和努力:其一,建立投资策略和体系。其二，专注自己熟悉的行业，坚持不熟不做的原则。也就是专注自己熟悉的交易体系，专注自己熟悉的行业，专注执行自己的纪律和规则，即“专注投资”的理念——一个领域，一套体系，一种纪律，也就是要给自己订立“规则”。

要在股市生存，最重要的是建立自己的作战规则。如何选择股票，如何界定买卖点，如何进行资金管理和心态管理，等等，都要努力学习，否则，在股市生存就是妄想，这和战争的生存之道是一样的。试想，没有武器和盔甲的战士，冲向战场和全副武装的对手交锋会是什么后果。那么，建立生存规则是不是很神秘？其实不然，拨开股市的迷雾，只要坚守自己的能力圈就可以了。不懂不做，不熟不做！做自己不了解的事情就是赌博。

来到股市是要追求自己的梦想、追求财务和心灵的双重自由。如果因为股票交易而吃不下、睡不着、笑不出来，那就得不偿失了。而实际中，太多的人就是这种状态。面对跳跃起伏的股价波动，如果不了解公司的业务和行业背景，只是将股票视为一个个代码、符号，那么你一定会忐忑不安。专注于企业的价值，专注于自己熟悉的股票和行业，心态自然会慢慢好起来，对投资的看法也会逐步成熟起来，“快乐投资”“安心投资”就不再是幻想。

我是军事专业的，又是一个军迷，当我在股市频繁交易、伤痕累累之后，突然有一天醒悟，为什么我不专注投资自己熟悉的行业领域呢？比如和工作密切相关的军工行业，比如和生活紧密联系的健康和消费产业。这两大领域有两三百只股票，它们提供的产品对我而言“看得见摸得着”，把目光从两千多只股票中移开，聚焦到这十分之一的范畴，效果是不是会好一些呢？于是乎，我逐渐开始聚焦到自己熟悉的领域——军工。

由于军工股在2010年之前数量很少，上市的军工股盈利能力也很一般，走势取决于军工集团的资产注入和周边局势的刺激，很少有内生性的增长，因此市场对军工股一直没有太多的热情，都是题材炒作，炒一把就走人，基本上把“军工股”和“投机”画上了等号，就连专业的券商研究所也是从2012年以后才开始大力投入到军工行业的研究之中。市场对军工股票的看法由此可见一斑。

在军工领域投资和研究，我坚持并快乐着。从2013年开始，我开始逐步系统总结自己对军工行业的理解，最终形成了军工股“3231”投研体系，在军工股的投研上算是做了一点微薄贡献。

在这个过程中，我要特别感谢大漠基金的关轶偲博士、中信建投研究所军工团队首席研究员冯福章博士在投研方面给我的指点和帮助。感谢小小辛巴大哥在投资理念和投资策略方面的指导和斧正。《证券市场红周刊》原执行主编林中先生、《金融投资者报》主编陈大禹先生、《三联生活周刊》魏一平先生、《证券市场红周刊》张宇和郝宁女士一直以来给了我极大的信任和帮助！感谢雪球提供了很好的投资交流平台，正是在这里，我认识了唐史主任司马迁、唐朝等诸多好友，并且经常讨论投资理念和投资市场，让我受益匪浅！中国经济出版社的燕丽丽女士在本书的策划、编辑和校对过程中付出了大量的时间和精力，她的敬业精神让我十分感动！正是他们的帮助和鼓励，才使得本书得以面世。

最后，我要特别感谢我的妻子杜平女士！在股市投研和本书写作的过程中，无论是一杯热茶还是一个问候，都是满满的爱和支持，正是妻子的大力支持和默默奉献，才让我在遇到困难的时候得以坚持。

西点老 A

2015 年 4 月于北京